Guide pratique de conversation

ITALIEN

ISBN : 978-2-253-08515-7

Collection dirigée par
Guillaume de la Rocque

Pierre Ravier   Werner Reuther

Guide pratique de conversation
ITALIEN

Traduction de Simonetta Greggio

(Édition mise à jour)

Le Livre de Poche

Sommaire

Logement • restauration

Achats

Comment utiliser ce guide

Comment utiliser ce guide

Ce guide de conversation est destiné à toutes les personnes désirant se rendre en Italie et qui ne maîtrisent pas la langue italienne.
Il a été conçu de façon à faciliter les relations essentielles de la vie quotidienne. Plusieurs milliers de mots, de phrases et de formes syntaxiques permettront au lecteur de s'exprimer dans la plupart des cas susceptibles de se présenter à lui au cours de son voyage.

L'ouvrage comprend :

- **Un abrégé de grammaire** précisant quelques règles de la langue italienne.
- **Un code de prononciation** facilement utilisable et sans lequel le lecteur de ce guide risquerait de ne pas toujours être compris par ses interlocuteurs.
- **Un guide pratique d'utilisation de la langue** constitué de 6 grands chapitres rassemblant des thèmes présentés dans l'ordre alphabétique.
- **Un dictionnaire** de plus de 2 000 mots.
- **Un index** facilitant la recherche des rubriques.

Exemple d'utilisation du manuel

Le lecteur désire acheter un costume :

1. Il pourra trouver le mot dans le Dictionnaire (page 205).

2. Il pourra consulter le thème « Habillement » dans le chapitre « Achats ». Si le mot « habillement » ne lui vient pas immédiatement à l'esprit, le lecteur trouvera également le renvoi à cette rubrique dans l'Index, aux mots « vêtements » et « prêt-à-porter ».

La consultation de la rubrique « Habillement » présente l'avantage, par rapport au Dictionnaire, de faciliter la formulation de la demande par l'emploi de phrases toutes prêtes et de mots complémentaires figurant en ordre alphabétique et dans le vocabulaire. Le lecteur sera ainsi immédiatement en mesure de nommer le « pantalon », la « veste », le « tissu », la « couleur »... et de formuler ses observations et ses demandes : « Je voudrais un costume coupé suivant ce modèle », « Il faudrait raccourcir les manches », « Puis-je essayer... échanger ? », « Prenez mes mesures... », etc.

Abrégé de grammaire

Ce mémento grammatical, non exhaustif, se limite à un panorama général de la grammaire italienne qui vous permettra d'élargir vos possibilités d'expression et de satisfaire votre curiosité sur le plan grammatical.
Il faut savoir que dans la langue italienne, de même que dans la langue française, une des principales difficultés réside dans les exceptions aux règles...

L'article

Article défini

	Singulier	Pluriel
Masculin (le)	*lo spettacolo*	(les) *gli spettacoli*
	il treno	*i treni*
Féminin (la)	*la rosa*	(les) *le rose*

Article indéfini

	Singulier	Pluriel
Masculin (un)	*uno spettacolo*	(des) *degli spettacoli*
	un treno	*dei treni*
Féminin (une)	*una rosa*	(des) *delle rose*

Le pluriel de l'article indéfini est utilisé couramment depuis une époque récente.

En italien on évite d'utiliser l'article dans le type de phrase suivante :

Bevo (del) vino : je bois du vin.

Le genre et le nombre

Les noms et les adjectifs qui se terminent en « o » sont généralement masculins :

Il vino : le vin.
L'occhio : l'œil.
Lo spettacolo : le spectacle.

Les noms et les adjectifs qui se terminent en « a » sont généralement féminins.

> *La spiaggia* : la plage
> *La sabbia* : le sable.

Les exceptions sont cependant nombreuses.

Les noms qui se terminent en « i » et en « u » sont féminins :

> *La gioventù* : la jeunesse.
> *La crisi* : la crise.

Le féminin des adjectifs et de beaucoup de noms se forme en remplaçant le « o » par le « a » :

> *Contento* : content ; *contenta* : contente.

Le pluriel se forme en remplaçant « o » par « i » et « a » par « e » :

> *Cavallo* : cheval ; *cavalli* : chevaux.
> *Rosa* : rose ; *rose* : roses.

Les possessifs

Masculin	Singulier	Pluriel
mon	*il mio*	*i miei*
ton	*il tuo*	*i tuoi*
son	*il suo*	*i suoi*
notre	*il nostro*	*i nostri*
votre	*il vostro*	*i vostri*
leur	*il loro*	*i loro*

Féminin	Singulier	Pluriel
ma	*la mia*	*le mie*
ta	*la tua*	*le tue*
sa	*la sua*	*le sue*
notre	*la nostra*	*le nostre*
votre	*la vostra*	*le vostre*
leur	*la loro*	*le loro*

L'article s'emploie devant un possessif, même adjectif, pour souligner une idée :

> *Queste valigie sono (le) mie* : ces valises sont (à moi) les miennes.

Les démonstratifs

Masculin	*questo*	celui-ci, ce... ci
Féminin	*questa*	celle-ci, cette... ci
Masculin	*quello*	celui-là, ce... là
Féminin	*quella*	celle-là, cette... là

> *Questo ristorante è eccellente* : ce restaurant est excellent.
> *Quella ragazza è bella* : cette fille-là est belle.

Les comparatifs

Positif : *Paola è buona* : Paola est gentille.

Comparatif : *Paola è più buona di Marina* : Paola est plus gentille que Marina.

Superlatif : *Paola è buonissima* : Paola est très bonne.

Certains adjectifs ont des formes irrégulières dérivées du latin. On peut les employer pratiquement indifféremment :

Buono	*più buono*	*migliore*
	buonissimo	*ottimo*
Cattivo	*più cattivo*	*peggiore*
	cattivissimo	*pessimo*
Grande	*più grande*	*maggiore*
	grandissimo	*massimo*
Piccolo	*più piccolo*	*minore*
	piccolissimo	*minimo*

La négation

Pour exprimer la négation, il suffit de placer avant le verbe la particule négative « non » :

> *Sono di Roma* • *non sono di Roma* : je suis romain • je ne suis pas romain.
> *Non c'è posto* : il n'y a pas de place.

Le verbe

Nous avons exclu les modes et les temps verbaux présentant trop de complexité.

En revanche, nous vous donnons les éléments nécessaires pour que vous puissiez vous exprimer au présent, au passé (composé et imparfait) et au futur en utilisant les verbes réguliers et irréguliers les plus courants.

Il y a trois groupes de verbes définis par leur terminaison : ARE, ERE, IRE.

Les différentes personnes (pronoms sujets)

Io	je
Tu	tu
Lui ou lei	il ou elle
Noi	nous
Voi	vous
Loro	ils

Lorsque vous vous adressez aux personnes que vous ne connaissez pas, employez la troisième personne précédée ou non de « lei ».

> *Ha del pane ?* : vous avez du pain ?
> *Lei mi può aiutare* : vous pouvez m'aider.

Néanmoins, quand on s'adresse au personnel d'un magasin pris collectivement, on peut utiliser la deuxième personne du pluriel. Le pronom « voi » n'est pas nécessaire.

Le présent

Modèle pour les trois groupes réguliers :

	ARE	*ERE*
	amare (aimer)	***credere*** (croire)
io	*amo*	*credo*
tu	*ami*	*credi*
egli/ella ou lui/lei	*ama*	*crede*
noi	*amiamo*	*crediamo*
voi	*amate*	*credete*
essi/esse ou loro	*amano*	*credono*

	IRE
	sentire (sentir ou entendre)
io	*sento*
tu	*senti*
egli/ella ou lui/lei	*sente*
noi	*sentiamo*
voi	*sentite*
essi/esse ou loro	*sentono*

Les verbes auxiliaires :

	ESSERE	*AVERE*
	(être)	(avoir)
io	*sono*	*ho*
tu	*sei*	*hai*
egli/ella ou lui/lei	*è*	*ha*
noi	*siamo*	*abbiamo*
voi	*siete*	*avete*
essi/esse ou loro	*sono*	*hanno*

Quelques verbes irréguliers :

	ANDARE	*BERE*
	(aller)	(boire)
io	*vado*	*bevo*
tu	*vai*	*bevi*
egli/ella ou lui/lei	*va*	*beve*
noi	*andiamo*	*beviamo*
voi	*andate*	*bevete*
essi/esse ou loro	*vanno*	*bevono*

	CHIEDERE	*SAPERE*
	(demander)	(savoir)
io	*chiedo*	*so*
tu	*chiedi*	*sai*
egli/ella ou lui/lei	*chiede*	*sa*
noi	*chiediamo*	*sappiamo*
voi	*chiedete*	*sapete*
essi/esse ou loro	*chiedono*	*sanno*

	VOLERE	*VENIRE*
	(vouloir)	(venir)
io	*voglio*	*vengo*
tu	*vuoi*	*vieni*
egli/ella ou lui/lei	*vuole*	*viene*
noi	*vogliamo*	*veniamo*
voi	*volete*	*venite*
essi/esse ou loro	*vogliono*	*vengono*

Le passé composé

Il se construit avec le présent des auxiliaires *essere* ou *avere* + le participe.

Formation du participe :

Verbe en ARE, remplacer la terminaison par « ATO » :
sono andato : je suis allé.

Verbe en ERE, remplacer la terminaison par « UTO » :
ha perduto : il a perdu.

Verbes en IRE, remplacer la terminaison par « ITO » :
sono partito : je suis parti.

Quelques verbes irréguliers :

fare (faire) : *fatto.*
dire (dire) : *detto.*
scrivere (écrire) : *scritto.*
vedere (voir) : *visto.*
aprire (ouvrir) : *aperto.*
coprire (couvrir) : *coperto.*
rompere (rompre) : *rotto.*
morire (mourir) : *morto.*
mettere (mettre) : *messo.*

L'imparfait

Pour les verbes en ARE, remplacer la terminaison par « AVO ».

Pour les verbes en ERE, remplacer la terminaison par « EVO ».

Pour les verbes en IRE, remplacer la terminaison par « IVO ».

	AMARE	*CREDERE*	*SENTIRE*
	(aimer)	(croire)	(sentir ou entendre)
io	*amavo*	*credevo*	*sentivo*
tu	*amavi*	*credevi*	*sentivi*
egli/ella ou lui/lei	*amava*	*credeva*	*sentiva*
noi	*amavamo*	*credevamo*	*sentivamo*
voi	*amavate*	*credevate*	*sentivate*
essi/esse ou loro	*amavano*	*credevano*	*sentivano*

Le futur

Pour les verbes en ARE, remplacer la terminaison par « ERÒ » à la première personne.

Pour les verbes en ERE, remplacer la terminaison par « ERÒ » à la première personne.

Pour les verbes en IRE, remplacer la terminaison par « IRÒ » à la première personne.

	AMARE	*CREDERE*	*SENTIRE*
	(aimer)	(croire)	(sentir ou entendre)
io	*amerò*	*crederò*	*sentirò*
tu	*amerai*	*crederai*	*sentirai*
egli/ella ou lui/lei	*amerà*	*crederà*	*sentirà*
noi	*ameremo*	*crederemo*	*sentiremo*
voi	*amerete*	*crederete*	*sentirete*
essi/esse ou loro	*ameranno*	*crederanno*	*sentiranno*

Code de prononciation

Vous trouverez ci-dessous les lettres de l'alphabet italien suivies de leur transcription phonétique que nous nous sommes efforcés de simplifier le plus possible afin d'en faciliter la lecture. Malgré les variantes phonétiques régionales, le bon usage que vous ferez de ce code vous garantit une parfaite compréhension de la part de vos interlocuteurs, de quelque région d'Italie qu'ils soient.
En italien, l'accent tonique n'est indiqué que s'il se trouve sur la dernière syllabe du mot :
(Exemple : *virtù* [vertu] ; *carità* [charité] ; *bontà* [bonté]). Seul l'usage courant de la langue peut vous familiariser avec lui.
Dans notre transcription phonétique, la lettre ou le groupe de lettres en caractères **gras** indiquent l'accentuation dans le langage parlé. N'hésitez donc pas à appuyer sur les voyelles grasses.
Afin d'éviter la tendance française à la nasalisation, dans les cas du « m » et du « n » devant toutes les consonnes nous avons doublé les signes : m = mm et n = nn.

Lettre	Transcription	Se prononce	Exemple
Voyelles			
a	a	comme en français, mais plutôt long dans les syllabes accentuées	pane = p**a**né
	a	plutôt bref dans les syllabes atones	mattino = matt**i**no
e	é	En italien, il existe plusieurs sons situés entre le é accent aigu et le è accent grave français. Mais en l'absence de règles bien définies et en raison de la diversité régionale italienne, nous avons opté pour un accent intermédiaire qui vous permettra d'être compris partout. Seule la pratique de la	me = mé facilmente = fatchilm**é**nnté piede = pi**é**dé viene = vi**é**né

		langue permet de faire vraiment la différence. Cet ė (accent droit) a pour objet de signaler l'accentuation du e.	
i	i	comme en français	venire = vėn**i**rė
i	ï	se prononce entre deux voyelles ou après une voyelle	noi = noï cuoio = cuoïo
o	o	fermė	colore = col**o**rė
	o	ouvert	fuoco = fou**o**co giuoco = djou**o**ko
u	ou	comme en français	muro = m**ou**ro

Consonnes

b	b	comme en français	bene = b**ė**nė
c	c	devant a, o, u, comme en français	caldo = c**a**ldo alcole = **a**lcolė cure = c**ou**rė
	tch	devant e et i	cento = tch**ė**nnto cinema = tch**i**nėma
c + h	k	devant e et i	che = kė chiamare = kiam**a**rė
c + i	tch	devant a, o, u pour indiquer la prononciation « tch »	ciao = tch**a**o cioccolata = tchoccol**a**ta ciuffo = tch**ou**ffo
d	d	comme en français	dama = d**a**ma
f	f	comme en français	fuoco = fou**o**co
g	g	devant a, o, u comme en français (le u après g est toujours prononcė : guerra = gouerra)	gamba = g**a**mmba gola = g**o**la gusto = g**ou**sto gente = dj**ė**nntė gita = dj**i**ta
g + h	gu	devant e et i	ghepardo = guėp**a**rdo ghiaccio = gui**a**tcho
g + i	dj	devant a, o, u pour indiquer la prononciation « dj »	già = dja gioia = dj**o**ïa giù = djou
h		toujours muet	hotel = otel
l	l	comme en français	lotta = **lo**tta
m	m	comme en français	mano = m**a**no
n	n	comme en français	no = no
p	p	comme en français	poco = p**o**co

qu	cou	le u après q est toujours prononcé	qui = coui
r	r	se prononce roulé, très roulé s'il est doublé	ora = ora torre = torre
s	s	la prononciation du s varie selon les provinces	sera = sèra scala = scala
t	t	comme en français	tanto = tannto
v	v	comme en français	vedere = vèdèrè
z	dz	doux	zero = dzèro
	ts	dur	nazione = natsionè

Doubles consonnes

cc	cc	devant a, o, u comme en français dans « accord »	bocca = bocca
	tch	devant e et i	accesso = atchèsso accidente = atchidènntè
cc + i	tch	devant a, o, u pour indiquer la prononciation « tch »	ghiaccio = guiatcho goccia = gotcha
cc + h	k	devant e et i	orecchi = orèki
gg	gg	devant a, o, u et consonnes comme en français dans « aggraver »	aggraffatore = aggraffatorè
	dj	devant e et i	aggettivo = adjèttivo
gg + i	dj	devant a, o, u pour indiquer la prononciation « dj »	paggio = padjo
gli	ly	devant a, e, o, u se prononce très mouillé	(gli = ly) moglie = molyè voglio = volyo
ll	ll	n'est jamais mouillé	allora = allora
gn	ny	se prononce doux comme dans « campagne »	agnello = anyèllo
sc	ch	devant e et i	scelto = chèlto sci = chi
sc + i	ch	devant a, o, u pour indiquer la prononciation « ch »	sciampo = chammpo sciolto = cholto sciupare = chuparè
sc + h	sk	devant e et i pour indiquer la prononciation « sk »	schema = skèma schiena = skièna

Les bases de la conversation

Âge • Dates

età • date
età - èta • date - datè

Quel **âge** avez-vous ?
Quanti anni ha ?
couannti anni a ?

J'ai vingt et un **ans**... trente ans.
Ho ventun'anni... trenta.
o vènntounanni... trènnta.

J'aurai... **ans** dans... mois.
Avrò... anni tra... mesi.
avro... anni tra... mèsi.

J'ai un **an** de plus que...
Ho un anno più di...
o oun anno piou di...

Quelle **date** sommes-nous ?
Quanti ne abbiamo oggi ?
couannti nè abbiamo odji ?

Il (elle) paraît plus **jeune** que son âge.
Sembra più giovane della sua età.
sèmmbra piou djovanè dèlla soua èta.

Nous sommes le 24 août, **jour** de mon anniversaire.
È il ventiquattro agosto, giorno del mio compleanno.
è il vènnticouattro agosto, djorno dèl mio commplèanno.

SPECTACLE **INTERDIT AUX MOINS DE DIX-HUIT ANS.** AUX **MINEURS**... AUX ENFANTS DE MOINS DE DIX ANS.
SPETTACOLO VIETATO AI MINORI DI DICIOTTO ANNI... AI MINORENNI... AI BAMBINI DI MENO DI DIECI ANNI.

spèttacolo viètato aï minori di ditchotto anni... aï minorènni... aï bammbini di mèno di diètchi anni.

Vocabulaire		
Adultes	*gli adulti*	adoulti
POUR ADULTES	*PER ADULTI*	pèr adoulti
Âge	*l'età*	èta
Anniversaire	*il compleanno*	commpléanno
Ans	*gli anni*	anni
Aujourd'hui	*oggi*	odji
Centenaire	*il centenario*	tchènnténario
Date de naissance	*la data di nascita*	data di nachita
Demain	*domani*	domani
Hier	*ieri*	ièri
Jeune	*giovane*	djovanè
Jeunesse	*la giovinezza*	djovinètsa
Jour	*il giorno*	djorno
Majeur	*maggiorenne*	madjorènnè
Mineur	*minorenne*	minorènnè
Mois	*il mese*	mèsè
Né le (je suis)	*nato il (sono)*	nato il (sono)
Naissance	*la nascita*	nachita
Naître	*nascere*	nachèrè
Vieillesse	*la vecchiaia*	vèkiaia
Vieillir	*invecchiare*	innvèkiarè
Vieux	*i vecchi, il vecchio*	vèki, vèkio

Expressions usuelles

espressioni usuali
èsprèssioni ousouali

Vocabulaire		
À cause de	*a causa di*	a caousa di
À côté de	*vicino a*	vitchino a
À droite	*a destra*	a dèstra
À gauche	*a sinistra*	a sinistra

Ainsi	*così*	cosi
Alors	*allora*	allora
Ancien	*vecchio*	vèkio
À peine	*appena*	appèna
Après	*dopo*	dopo
Assez	*abbastanza*	abbastanntsa
À travers	*attraverso*	attravèrso
Au contraire	*al contrario*	all conntrario
Au-dessous	*sotto*	sotto
Au-dessus	*sopra*	sopra
Au milieu de	*in mezzo a*	in mèdzo a
Autant	*altrettanto*	alltrèttannto
Autant que	*altrettanto di*	alltrèttannto di
Autour	*attorno*	attorno
Avant	*avanti, prima*	avannti, prima
Avec	*con*	conn
Beau	*bello*	bèllo
Bientôt	*presto*	prèsto
Bon appétit	*buon appetito*	bouonn appètito
Bonjour	*buongiorno*	bouonndjorno
Bon marché	*(a) buon mercato*	bouonn mèrcato
Bonne nuit	*buona notte*	bouona notté
Bonsoir	*buona sera*	bouona sèra
Ça suffit	*basta (così)*	basta (cosi)
Car	*perchè*	perkè
Ce, celle	*quello, quella*	couèllo, couèlla
Cela m'est égal	*è lo stesso*	è lo stèsso
Celui-ci, celle-ci	*questo, questa*	couèsto, couèsta
Ce n'est pas	*non è*	non è
Cependant	*mentre*	mènntré
Certainement	*certamente*	tchèrtamènnté
C'est	*è*	è
C'est à elle	*è sua*	è soua
C'est à lui	*è suo*	è souo
C'est à moi	*è mio*	è mio
Cet, cette	*questo, questa*	couèsto, couèsta
Ceux-ci	*questi*	couèsti
Chacun	*ciascuno*	tchascouno
Chaque	*ogni*	ony
Chaud	*caldo*	caldo
Cher	*caro*	caro

Combien	*quanto*	couannto
Comment	*come*	comė
Comprends (je)	*capisco*	capisco
Comprends pas (je ne)	*non capisco*	non capisco
D'accord	*d'accordo*	d'accòrdo
Davantage	*di più*	di piou
Debout	*in piedi*	inn pièdi
Dedans	*dentro*	dènntro
Dehors	*fuori*	fouori
Déjà	*già*	dja
Dépêchez-vous	*si sbrighi ou sbrigatevi*	si sbrigui, sbrigatèvi
Depuis	*da quando*	da couanndo
Derrière	*dietro*	dièro
Dessous	*sotto*	sotto
Dessus	*sopra*	sopra
De temps en temps	*di tanto in tanto*	di tannto inn tannto
Devant	*davanti*	davannti
Difficile	*difficile*	diffitchilė
En arrière	*indietro*	inndièro
En avant	*avanti*	avannti
En bas	*in basso*	inn basso
En dehors de	*in fuori*	inn fouori
En effet	*effettivamente*	èffètivamentė
En face de	*di fronte a*	di fronntė a
En haut	*in alto*	inn alto
Est-ce ? N'est-ce pas ?	*è ? no vero ?*	è ? no vèro ?
Et	*e*	ė
Facile	*facile*	fatchilė
Faim (j'ai)	*ho fame*	o famė
Fatigué (je suis)	*sono stanco*	sono stannco
Faux	*falso*	falso
Fermé	*chiuso*	kiouso
Froid	*freddo*	frèddo
Gentil	*gentile*	djènntilė
Grand	*grande*	granndė
Ici	*qui*	coui
Il y a	*c'è*	tchė
Il n'y a pas	*non c'è*	nonn tchė
Importance (sans)	*(senza) importanza*	sènntsa immportanntsa

Important (c'est)	*(è) importante*	é immportannté
Impossible (c'est)	*(è) impossibile*	é immpossibilé
Jamais	*mai*	maï
Jeune	*giovane*	djované
Jusqu'à	*fino a*	fino a
Juste	*giusto*	djousto
Là	*là*	la
Là-bas	*laggiù*	ladjou
Laid	*brutto*	broutto
Léger	*leggero*	lèdjèro
Lequel • laquelle	*quale*	coualé
Loin	*lontano*	lonntano
Longtemps	*molto tempo*	molto tèmmpo
Lourd	*pesante*	pèsannté
Maintenant	*ora*	ora
Malgré	*malgrado*	malgrado
Mauvais	*cattivo*	cattivo
Méchant	*cattivo*	cattivo
Meilleur	*migliore*	migliore
Merci beaucoup	*grazzie tante*	gratsié tannté
Non	*no*	no
Nouveau	*nuovo*	nouovo
Où	*dove*	dovė
Ou	*o*	o
Ou bien	*oppure*	oppouré
Oui	*si*	si
Ouvert	*aperto*	apèrto
Par	*da* ou *attraverso*	da *ou* attravèrso
Parce que	*perchè*	perké
Par exemple	*per esempio*	pèr èsèmmpio
Parfois	*talvolta*	talvolta
Par ici	*di qua*	di coua
Parmi	*tra*	tra
Partout	*dappertutto*	dappèrtoutto
Pas assez	*non abbastanza*	non abbastanntsa
Pas du tout	*per niente*	pèr niènnté
Pas encore	*non ancora*	non ancora
Pas tout à fait	*non esattamente*	non èsattamènnté
Pendant	*durante*	dourannté
Petit	*piccolo*	piccolo
Peu	*poco*	poco

Peut-être	*forse*	forsė
Pire	*peggio*	pėdjo
Plusieurs fois	*più volte*	piou voltė
Pour	*per*	pėr
Pourquoi	*perchè*	pėrkė
Pouvez-vous	*può*	pouo
Près	*vicino*	vitchino
Presque	*quasi*	couasi
Probablement	*probabilmente*	probabilmėnntė
Puis-je ?	*posso*	posso
Quand	*quando*	couanndo
Quel, quelle	*quale*	coualė
Quelquefois	*qualche volta*	coualkė volta
Qui ?	*chi ?*	ki ?
Quoi ?	*cosa ?*	cosa ?
Quoique	*anche se*	annkė sė
Sans	*senza*	sėnntsa
Sans doute	*senza dubbio*	sėnntsa doubbio
Si	*se*	sė
S'il vous plaît	*per favore*	pėr favorė
Sommeil (j'ai)	*ho sonno*	o sonno
Sous	*sotto*	sotto
Sous peu	*tra poco*	tra poco
Sur	*sopra*	sopra
Tant	*tanto*	tannto
Tant mieux	*meglio così*	mėlyo cosi
Tant pis	*tanto peggio*	tannto pėdjo
Temps (je n'ai pas le)	*non ho tempo*	nonn o tėmmpo
Tôt	*presto*	prėsto
Tout de suite	*subito*	soubito
Très	*molto*	molto
Très bien, merci	*molto bene, grazie*	molto bėnė, gratsiė
Trop	*troppo*	troppo
Urgent (c'est)	*è urgente*	ė ourdjėnntė
Vers	*verso*	vėrso
Veux pas (je ne)	*non voglio*	nonn volyo
Vieux	*vecchio*	vėkio
Vite	*veloce*	vėlotchė
Voici	*ecco*	ėcco
Volontiers	*volentieri*	volėnntiėri

Famille

famiglia
familya

Vocabulaire		
Adultes	*gli adulti*	adoulti
Aimer	*amare*	amarė
Beau-frère	*il cognato*	conyato
Beau-père	*il suocero*	souotchėro
Belle-fille	*la nuora*	nouora
Belle-mère	*la suocera*	souotchėra
Belle-sœur	*la cognata*	conyata
Célibataire (masc.)	*celibe*	tchėlibė
– (fém.)	*nubile*	noubilė
Décès	*il decesso*	dėtchėsso
Descendant	*il discendente*	dichėnndėntė
Divorce	*il divorzio*	divortsio
Enfant	*il bambino*	bammbino
Femme	*la donna*	donna
– (épouse)	*la moglie*	molyė
Fiançailles	*il fidanzamento*	fidanntsamėnnto
Fiancé (masc.)	*il fidanzato*	fidanntsato
– (fém.)	*la fidanzata*	fidanntsata
Fille	*la figlia*	filya
Fils	*il figlio*	filyo
Frère	*il fratello*	fratėllo
Garçon	*il ragazzo*	ragadzo
Gendre	*il genero*	djėnėro
Grand-mère	*la nonna*	nonna
Grand-père	*il nonno*	nonno
Grands-parents	*i nonni*	nonni
Homme	*l'uomo*	ouomo
Mari	*il marito*	marito
Mariage	*il matrimonio*	matrimonio
Marié(e)	*sposato(a)*	sposato(a)
Mère	*la madre*	madrė
Neveu	*il nipote*	nipotė
Nièce	*la nipote*	nipotė
Nom	*il cognome*	conyomė
Oncle	*lo zio*	dzio

Parents	*i genitori*	djėnitori
Père	*il padre*	padrė
Petite-fille	*la nipotina*	nipotina
Petit-fils	*il nipotino*	nipotino
Prénom	*il nome*	nomė
Sœur	*la sorella*	sorėlla
Tante	*la zia*	dzia

Jours fériés

giorni festivi
djorni fėstivi

Vocabulaire		
1er janvier	*uno gennaio*	ouno djėnnaïo
Jour de l'an	*il primo dell'anno*	primo dėll anno
	Capo d'anno	capo d'anno
6 janvier	*sei gennaio*	sėi djėnnaïo
Épiphanie	*Epifania (religieux)*	ėpifania
	la Befana (profane)	bėfana
Pâques	*Pasqua*	pascoua
Lundi de Pâques	*il lunedì dell'angelo*	lounėdi dėll'anndjėlo
25 avril	*venticinque aprile*	vėnntitchinncouė aprilė
Libération	*la liberazione*	libėratsionė
1er mai	*primo maggio*	primo madjo
Fête du travail	*la festa del lavoro*	fėsta dėl lavoro
Pentecôte	*la Pentecoste*	pėnntėcostė
15 août	*quindici agosto*	couinnditchi agosto
Assomption	*l'assunzione della Vergine*	assounntsionė dėlla vėrdjinė
1er novembre	*primo novembre*	primo novemmbrė
Toussaint	*Ognissanti*	onyssannti
8 décembre	*otto dicembre*	otto ditchėmmbrė
Immaculée conception	*l'Immacolata concezione*	immacolata conntchėtsionė
25 décembre	*venticinque dicembre*	vėnntitchinncouė ditchėmmbrė
Noël	*il Natale*	natalė
26 décembre	*ventisei dicembre*	vėnntisėi ditchėmmbrė
	santo Stefano	sannto stėfano

Mesures • distances

misure • distanze
misouré • distanndzé

Vocabulaire		
LONGUEURS	*LUNGHEZZE*	lounnguètsé
Centimètre	*il centimetro*	tchènntimétro
Kilomètre	*il chilometro*	kilomètro
Mètre	*il metro*	mètro
Mille marin	*il miglio marino*	milyo marino
POIDS	*PESI*	Pèsi
Gramme	*il grammo*	grammo
Hectogramme	*l'ettogrammo*	ettogrammo
Kilogramme	*il chilogrammo*	kilogrammo
Quintal	*il quintale*	couinntalé
Tonne	*la tonnellata*	tonnèllata
SURFACES	*SUPERFICI*	soupèrfitchi
Kilomètre carré	*il chilometro quadrato*	kilomètro couadrato
Mètre carré	*il metro quadrato*	mètro couadrato
VOLUMES	*VOLUMI*	voloumi
Décalitre	*il decalitro*	dècalitro
Hectolitre	*l'ettolitro*	èttolitro
Litre	*il litro*	litro
Mètre cube	*il metro cubo*	mètro coubo
Quart	*il quarto di litro*	couarto di litro
DIVERS		
Densité	*la densità*	dènnsita
Épaisseur	*lo spessore*	spèssoré
Étroit	*stretto*	strètto
Hauteur	*l'altezza*	altètsa
Large	*largo*	largo
Largeur	*la larghezza*	larguètsa
Long	*lungo*	lounngo
Longueur	*lunghezza*	lounnguètsa
Profondeur	*la profondità*	profonndita

Nombres

numeri
nouméri

Vocabulaire		
0	*zero*	dzèro
1	*uno*	ouno
2	*due*	doué
3	*tre*	tré
4	*quattro*	couattro
5	*cinque*	tchinncoué
6	*sei*	sèi
7	*sette*	sètté
8	*otto*	otto
9	*nove*	nové
10	*dieci*	diètchi
11	*undici*	ounnditchi
12	*dodici*	doditchi
13	*tredici*	tréditchi
14	*quattordici*	couattorditchi
15	*quindici*	couinnditchi
16	*sedici*	séditchi
17	*diciassette*	ditchassètté
18	*diciotto*	ditchotto
19	*diciannove*	ditchannové
20	*venti*	vénnti
21	*ventuno*	vénntouno
22	*ventidue*	vénntidoué
23	*ventitre*	vénntitré
24	*ventiquattro*	vénnticouattro
25	*venticinque*	vénntitchinncoué
26	*ventisei*	vénntisèi
27	*ventisette*	vénntisètté
28	*ventotto*	vénntotto
29	*ventinove*	vénntinové
30	*trenta*	trénnta
31	*trentuno*	trénntouno
32	*trentadue*	trénntadoué
40	*quaranta*	couarannta

50	*cinquanta*	tchinncouannta
60	*sessanta*	sèssannta
70	*settanta*	sèttannta
80	*ottanta*	ottannta
90	*novanta*	novannta
100	*cento*	tchènnto
200	*duecento*	douètchènnto
300	*trecento*	trètchènnto
400	*quattrocento*	couattrotchènnto
500	*cinquecento*	tchinncouètchènnto
600	*seicento*	sèitchènnto
700	*settecento*	sèttèchènnto
800	*ottocento*	ottotchènnto
900	*novecento*	novètchènnto
1 000	*mille*	millè
10 000	*diecimila*	diètchimila
100 000	*centomila*	tchènntomila
1 000 000	*un milione*	oun milionè
Premier	*primo*	primo
Deuxième	*secondo*	sèconndo
Troisième	*terzo*	tèrtso
Quatrième	*quarto*	couarto
Cinquième	*quinto*	couinnto
Sixième	*sesto*	sèsto
Septième	*settimo*	sèttimo
Huitième	*ottavo*	ottavo
Neuvième	*nono*	nono
Dixième	*decimo*	dètchimo
Demi (1/2)	*mezzo*	mèdzo
Tiers (1/3)	*un terzo*	tèrtso
Quart (1/4)	*un quarto*	couarto
Trois quarts (3/4)	*tre quarti*	trè couarti
2 pour cent	*due per cento*	douè pèr tchènnto
10 pour cent	*dieci per cento*	diètchi pèr tchènnto

Politesse • rencontres

cortesia • incontri
cortèsia • innconntri

Puis-je vous **accompagner** ?

Posso accompagnarla ?
posso accompanyarla ?

Pourriez-vous m'**aider** à connaître votre région... votre ville ?

Potrebbe aiutarmi a conoscere la sua regione... la sua città ?
potrèbbè aioutarmi a conochèrè la soua rèdjonè... la soua tchitta ?

Vous êtes trop **aimable**.

È molto gentile da parte sua.
è molto djènntilè da partè soua.

J'**aime** beaucoup votre pays.

Il suo paese mi piace molto.
il souo paèsè mi piatchè molto.

Comment vous **appelez**-vous ?

Come si chiama ?
comè si kiama ?

Allons **boire** un verre !

Andiamo a bere un bicchiere !
anndiamo a bèrè oun bikièrè !

Cessez de m'importuner !

La smetta d'importunarmi.
la smètta d'immportounarmi.

Je ne vous **comprends** pas bien.

Non la capisco bene.
nonn la capisco bènè.

Je ne voudrais pas vous **déranger**.

Non vorrei disturbarla.
nonn vorrèï distourbarla.

Je suis **désolé** de ce retard.

Sono spiacente per il ritardo.
sono spiatchènnté pèr il ritardo.

Avez-vous du **feu**, s'il vous plaît ?

Ha da accendere per favore ?
a da atchènndèré, pèr favoré ?

À quelle **heure** puis-je venir ?

A che ora posso venire ?
a ké ora posso vénire ?

Heureux de vous connaître.

Sono felice di conoscerla (*ou* piacere).
sono félitché di conochèrla (*ou* piatchèré).

Un **instant**, s'il vous plaît.

Un momento, per favore.
oun momènnto, pèr favoré.

Merci pour cette **invitation**.

Grazie per l'invito.
gratsié pèr l'innvito.

Nous aimerions vous **inviter** à déjeuner... à dîner.

Ci piacerebbe averla a pranzo... a cena.
tchi piatchérèbbé avèrla a prantso... a tchèna.

Êtes-vous **libre**, ce soir ?

È libera – libero, stasera ?
è libéra – libéro, stasèra ?

Madame... mademoiselle... monsieur, **parlez**-vous français ?

Signora... signorina... signore, parla francese ?
sinyora... sinyorina... sinyoré, parla franntchésé ?

Parlez plus lentement.

Parli più lentamente.
parli piou lénntaménnté.

De quel **pays** venez-vous ?

Da dove viene ?
da dové viéné ?

Je me **permets** de vous présenter monsieur, madame, mademoiselle...

Posso presentarle il signore, la signora, la signorina...
posso présénntarlé il sinyoré, la sinyora, la sinyorina...

Permettez-moi de me présenter.

Mi permetta di presentarmi.
mi pérmétta di présénntarmi.

Me **permettez-vous** de vous inviter à déjeuner... à dîner... à danser ?

Mi permette di invitarla a pranzo... a cena... a ballare ?
mi pérmétté di innvitarla a pranntso... a tchéna... a ballaré ?

Pourriez-vous **répéter**... me dire... s'il vous plaît ?

Può ripetermi... dirmi... per favore ?
pouo ripétermi... dirmi... pér favoré ?

Que faites-vous dans la vie ?

Qual è la sua occupazione ?
Coual é la soua ocoupattsioné ?

Je fais des études. / Je travaille.

Sono studente. / Lavoro.
sono stoudènnté. / lavoro

Où peut-on se **retrouver** ?

Dove possiamo vederci ?
dove possiamo vèdèrtchi ?

J'espère que nous nous **reverrons.**

Spero che ci rivedremo.
spèro ké tchi rivédrémo.

Je suis **seul**, voulez-vous m'accompagner ?

Sono solo, vuol accompagnarmi ?
sono solo, vouol accommpanyarmi ?

Pouvez-vous me laisser votre numéro de **téléphone** ?

Può lasciarmi il suo numero di telefono ?
pouo lacharmi il souo nouméro di téléfono ?

Combien de **temps** restez-vous ?

Quanto tempo resta ?
couannto tèmmpo rèsta ?

Quel beau **temps !** n'est-ce pas ?

Che bel tempo ! non trova ?
ké bèl tèmmpo ! nonn trova ?

Je n'ai pas le **temps** de vous parler.

Non ho tempo di parlarle.
nonn o tèmmpo di parlarlé.

Depuis combien de **temps** êtes-vous ici ?

Da quanto tempo è qui ?
da couannto tèmmpo é coui ?

Je suis en **vacances...** en **voyage d'affaires.**

Sono in vacanza... in viaggio d'affari.
sono inn vacanntsa... inn viadjo d'affari.

VOCABULAIRE		
À bientôt	*a presto*	a prèsto
À ce soir	*a stasera*	a stasèra
À demain	*a domani*	a domani
Adieu	*addio*	addio
Aider	*aiutare*	aioutarè
Aimerais (j')	*mi piacerebbe*	piatchèrèbbè
Asseyez-vous	*si sieda*	si sièda
Attendez-moi	*aspetti*	aspètti
Au revoir	*arrivederci*	arrivèdèrtchi
Avec plaisir	*con piacere*	conn piatchèrè
À votre service	*a sua disposizione*	a soua dispositsionè
Beau	*bello*	bèllo
Belle	*bella*	bèlla
Bien	*bene*	bènè
Boire	*bere*	bèrè
Bon	*buono*	bouono
Bon appétit	*buon appetito*	bouon appètito
Bonjour madame	*buongiorno signora*	bouonndjorno sinyora
– mademoiselle	*– signorina*	– sinyorina
– monsieur	*– signore*	– sinyorè
Bonne nuit	*buona notte*	bouona nottè
Bonsoir	*buona sera*	bouona sèra
Ça va	*va bene*	va bènè
Certainement	*certamente*	tchèrtamènntè
C'est délicieux	*é delizioso*	è dèlitsioso
C'est merveilleux	*é meraviglioso*	è mèravilyoso
C'est possible	*é possibile*	è possibilè
Chaud (j'ai)	*ho caldo*	kaldo
Comment allez-vous ?	*come sta ?*	comè sta ?
Bien, merci, et vous ?	*bene, grazie, e lei ?*	bènè, gratsiè, è lèï ?
Comprendre	*capire*	capirè
Déjeuner	*pranzare*	pranntsarè
De rien	*di niente*	di niènntè
Dîner	*cenare*	tchènarè
Dormir	*dormire*	dormirè
Enchanté	*tanto piacere*	tannto piatchèrè
En retard	*in ritardo*	inn ritardo

Entrez, je vous prie	*entri, la prego*	ènntri, la prègo
Excusez-moi	*mi scusi*	mi scousi
Faim (j'ai)	*ho fame*	famè
Fatigué (je suis)	*sono stanco*	stannco
Froid (j'ai)	*ho freddo*	frèddo
Heureux	*felice*	fèlitchè
Instant	*attimo*	attimo
Invitation	*invito*	innvito
Inviter	*invitare*	innvitarè
Mal	*male*	malè
Merci	*grazie*	gratsiè
– beaucoup	*molte grazie*	moltè gratsiè
Non	*no*	no
Oui	*si*	si
Pardon	*scusi*	scousi
Parler	*parlare*	parlarè
Perdu (je suis)	*mi sono perso*	pèrso
Permettez-moi	*mi permetta*	mi pèrmètta
Peut-être	*forse*	forsè
Pourquoi ?	*perché*	pèrkè
Pourriez-vous	*può*	pouo
Présenter	*presentare*	prèsènntarè
Pressé (je suis)	*ho fretta*	o frètta
Profession	*la professione*	professionè
Quand ?	*quando ?*	couanndo ?
Quelle heure (à) ?	*a che ora ?*	a kè ora ?
Regretter	*spiacersi*	spiatchèrsi
S'il vous plaît	*per favore*	pèr favorè
Soif (j'ai)	*ho sete*	sètè
Sommeil (j'ai)	*ho sonno*	sonno
Très bien	*molto bene*	molto bènè
Visiter	*visitare*	visitarè
Volontiers	*volentieri*	volènntièri
Voudrais (je)	*vorrei*	vorrèï

Temps (climat)

tempo • clima
témmpo • clima

Quel temps va-t-il faire aujourd'hui ?
Che tempo farà oggi ?
ké témmpo fara odji ?

Il va faire **beau** et **froid... beau** et **chaud.**
Farà bello e freddo... bello e caldo.
fara bèllo è frèddo... bèllo è caldo.

Il fait **chaud** et **lourd.**
Fa caldo e afoso.
fa caldo è afoso.

Le **ciel** est **clair.**
Il cielo è chiaro.
il tchèlo è kiaro.

Les routes sont **gelées.**
Le strade sono ghiacciate.
lé stradé sono guiatchaté.

Il va **pleuvoir... neiger.**
Pioverà... nevicherà.
piovéra... névikéra.

La **pluie...** l'**orage** menace.
La pioggia... il temporale sta per venire.
la piodja... il témmporalé sta pér véniré.

Vocabulaire		
Air	*l'aria*	aria
Averse	*l'acquazzone*	acouadzoné
Beau	*bello*	bèllo
Bleu	*blu*	blou

Brille	*brilla*	brilla
Brouillard	*la nebbia*	nèbbia
Brume	*la bruma*	brouma
Chaleur	*il calore*	caloré
Chaud	*caldo*	caldo
Ciel	*il cielo*	tchèlo
Clair	*chiaro*	kiaro
Climat	*il clima*	clima
Couvert	*coperto*	copèrto
Dégagé	*scoperto • chiaro*	scopèrto • kiaro
Éclair	*il lampo*	lammpo
Éclaircie	*la schiarita*	skiarita
Frais	*fresco*	frèsco
Froid	*freddo*	frèddo
Gèle (il)	*gela*	djèla
Gelé(e)	*gelato(a)*	djèlato(a)
Glace	*il ghiaccio*	guiatcho
Grêle	*la grandine*	granndiné
– (il)	*grandina*	granndina
Gris	*grigio*	gridjo
Humide	*umido*	oumido
Mouillé(e)	*bagnato(a)*	banyato(a)
Neige	*la neve*	nèvé
– (il)	*nevica*	nèvica
Nuage	*la nuvola*	nouvola
Nuageux	*nuvoloso*	nouvoloso
Orage	*il temporale*	tèmmporalé
Parapluie	*l'ombrello*	ombrèllo
Pluie	*la pioggia*	piodja
Pluvieux	*piovoso*	piovoso
Sec	*secco*	sècco
Soleil	*il sole*	solé
Sombre	*scuro*	scouro
Température	*la temperatura*	tèmmpèratoura
Tempéré	*temperato*	tèmmpèrato
Tempête	*la tempesta*	tèmmpèsta
Temps (beau)	*il bel tempo*	bèl tèmmpo
– (mauvais)	*il cattivo tempo*	cattivo tèmmpo
– variable	*tempo variabile*	tèmmpo variabilé
Tonnerre	*il tuono*	touono
Tropical	*tropicale*	tropicalé

Vent	*il vento*	vènnto
Vente (il)	*c'é vento*	tchè vènnto
Verglacé(e)	*ghiacciato(a)*	guiatchato(a)
Verglas	*il ghiaccio*	guiatcho

Temps (durée)

tempo • durata
tèmmpo • dourata

Quelle heure est-il ?

Che ore sono ?
ké orè sono ?

Il est quatre heures... et quart... et demie... moins le quart.

Sono le quattro... e un quarto... e mezzo... meno un quarto.
sono lè couattro... è oun couarto... è mèdzo... mènno oun couarto.

Depuis une heure... huit heures du matin... deux jours... une semaine.

Da un'ora... dalle otto di mattina... da due giorni... da una settimana.
da oun'ora... dallè otto di mattina... da douè djorni... da ouna sèttimana.

Combien de temps **dure** la représentation... le trajet ?

Quanto tempo dura la rappresentazione... il tragitto ?
couannto tèmmpo doura la raprèsènntatsionè... il tradjitto ?

Cette horloge marque-t-elle l'**heure exacte** ?

Questo orologio è esatto ?
couèsto orolodjo è èsatto ?

Pendant la **matinée**... la **soirée**... la **journée**.

Durante la mattinata... la serata... la giornata.
dourannté la mattinata... la sérata... la djornata.

Pendant combien de temps ?

Per quanto tempo ?
pér couannto témmpo ?

Prenons **rendez-vous** pour... à...

Appuntamento per... a...
appunntaménnto pér... a...

De **temps en temps**.

Di tanto in tanto.
di tannto inn tannto.

Vocabulaire		
Année	*l'anno*	anno
– bissextile	*– bisestile*	– bisèstilé
– dernière	*– scorso*	– scorso
– prochaine	*– prossimo*	– prossimo
Après	*dopo*	dopo
Après-demain	*dopodomani*	dopodomani
Après-midi	*il pomeriggio*	poméridjo
Attendre	*aspettare*	aspèttaré
Aujourd'hui	*oggi*	odji
Automne	*l'autunno*	aoutounno
Autrefois	*una volta*	ouna volta
Avancer	*avanzare*	avanntsaré
Avant	*prima*	prima
Avant-hier	*l'altro ieri*	altro ièri
Avenir	*il futuro*	foutouro
Calendrier	*il calendario*	calénndario
Changement d'heure	*il cambiamento orario*	cammbiaménnto orario
Commencement	*inizio*	initsio
Date	*la data*	data

Délai	*la proroga*	proroga
Demi-heure	*mezz'ora*	mèdzora
Depuis	*da*	da
Dernier	*ultimo*	oultimo
Été	*l'estate*	èstatè
Éternité	*l'eternità*	ètèrnita
Fin	*la fine*	finè
Futur	*il futuro*	foutouro
Heure	*l'ora*	ora
– d'été	*– d'estate*	– d'èstatè
– d'hiver	*– d'inverno*	– d'innvèrno
Hier	*ieri*	ièri
Hiver	*l'inverno*	innvèrno
Instant	*l'istante*	istanntè
JOUR	*GIORNO*	djorno
Lundi	*lunedì*	lounèdi
Mardi	*martedì*	martèdi
Mercredi	*mercoledì*	mèrcolèdi
Jeudi	*giovedì*	djovèdi
Vendredi	*venerdì*	vènèrdi
Samedi	*sabato*	sabato
Dimanche	*domenica*	domènica
Jour férié	*il giorno festivo*	djorno fèstivo
– ouvrable	*– feriale*	– fèrialè
Matin	*il mattino*	mattino
Midi	*il mezzogiorno*	mèdzodjorno
Milieu	*il centro*	tchènntro
Minuit	*la mezzanotte*	mèdzanottè
Minute	*il minuto*	minouto
MOIS	*MESE*	mèsè
Janvier	*gennaio*	djènnaio
Février	*febbraio*	fèbbraio
Mars	*marzo*	martso
Avril	*aprile*	aprilè
Mai	*maggio*	madjo
Juin	*giugno*	djounyo
Juillet	*luglio*	loulyo
Août	*agosto*	agosto
Septembre	*settembre*	sèttèmmbrè
Octobre	*ottobre*	ottobrè
Novembre	*novembre*	novèmmbrè
Décembre	*dicembre*	ditchèmmbrè

Moment	*il momento*	momènnto
Nuit	*la notte*	nottè
Passé	*il passato*	passato
Passer le temps	*passare il tempo*	passarè il tèmmpo
Présent	*il presente*	prèsènntè
Printemps	*la primavera*	primavèra
Quand	*quando*	couanndo
Quart d'heure	*il quarto d'ora*	couarto d'ora
Quinzaine	*quindicina*	couinnditchina
Quotidien	*il quotidiano*	couotidiano
Retard	*il ritardo*	ritardo
Retarder	*ritardare*	ritardarè
Saison	*la stagione*	stadjonè
Seconde	*il secondo*	sèconndo
Semaine	*la settimana*	sèttimana
– dernière	*– scorsa*	– scorsa
– prochaine	*– prossima*	– prossima
Siècle	*il secolo*	sècolo
Soir	*la sera*	sèra
Soirée	*la serata*	sèrata
Tard	*tardi*	tardi
Tôt	*presto*	prèsto
Veille	*la vigilia*	vidjilia
Vite	*presto*	prèsto
Week-end	*il fine settimana*	finè sèttimana

En cas de problème

Police

polizia
politsia

Où est le commissariat de police le plus proche ?

Dov'è il commissariato di polizia più vicino ?
dov'è il commissariato di politsia piou vitchino ?

Pouvez-vous m'**aider** ?

Può aiutarmi ?
pouo aioutarmi ?

C'est **arrivé** à l'hôtel... dans ma chambre... dans la rue... dans ma voiture... ce matin... cette nuit... hier... maintenant...

È successo in albergo... in camera mia... in strada... nella mia auto... stamattina... stanotte... ieri... proprio ora...
e soutchèsso inn albèrgo... inn camèra mia... inn strada... nèlla mia aouto... stamattina... stanottè... ièri... proprio ora...

Je voudrais faire une **déclaration** de perte... de vol...

Vorrei denunciare una perdita... un furto...
vorrèï dènountcharè ouna pèrdita... oun fourto...

On m'a volé... j'ai **perdu**... mon sac... mes papiers... mon passeport... ma valise... ma voiture... mon appareil photo...

Mi hanno rubato... ho perso... la mia borsa... i documenti... il mio passaporto... la mia valigia... l'auto... la macchina fotografica...

mi anno roubato... o pèrso... la mia borsa...
i docoumènnti... il mio passaporto...
la mia validja... l'aouto... la makkina fotografica...

Je veux **porter plainte.**

Vorrei sporgere denuncia.
vorrèï spordjèrè dènountcha.

On a **volé** dans ma voiture.

Hanno rubato nella mia auto.
anno roubato nèlla mia aouto.

Vocabulaire		
Abîmer	*danneggiare*	dannèdjarè
Accident	*l'incidente*	inntchidènntè
Accuser	*accusare*	accousarè
Agent de police	*l'agente di polizia*	adjènntè di politsia
Agression	*l'aggressione*	aggrèssionè
Ambassade	*l'ambasciata*	ammbachata
Amende	*la multa*	moulta
Appareil photo	*la macchina fotografica*	makkina fotografica
Argent	*i soldi*	soldi
Assurance	*l'assicurazione*	assicouratsionè
Avocat	*l'avvocato*	avvocato
Bijoux	*i gioielli*	djoïèlli
Certifier	*certificare*	tchèrtificarè
Collier	*la collana*	collana
Commissaire de police	*commissario di polizia*	commissario di politsia
Condamner	*condannare*	conndannarè
Consulat	*il consolato*	connsolato
Contravention	la multa	moulta
Déclaration	*la dichiarazione*	dikiaratsionè
Défendre	*difendere*	difènndèrè
Drogue	*la droga*	droga
Enquête	*l'inchiesta*	innkièsta
Erreur	*l'errore*	èrrorè

Examiner	*esaminare*	ėsaminarė
Expertise	*la perizia*	pėritsia
Fourrière	*il deposito municipale*	deposito mounitchipalė
Fracturer	*scassinare*	scassinarė
Innocent	*l'innocente*	innotchėnntė
Menacer	*minacciare*	minatcharė
Nier	*negare*	nėgarė
Passeport	*il passaporto*	passaporto
Perte	*la perdita*	pėrdita
Poche	*la tasca*	tasca
Portefeuille	*il portafoglio*	portafolio
Procès	*il processo*	protchėsso
Procès-verbal	*il verbale*	vėrbalė
Responsable	*il responsabile*	rėsponnsabilė
Sac	*la borsa*	borsa
Saisir	*afferrare*	affėrrarė
Secours	*il soccorso*	soccorso
Témoin	*il testimone*	tėstimonė
Valise	*la valigia*	validja
Voiture	*l'auto*	aouto
Vol	*il furto*	fourto
Voleur	*il ladro*	ladro

Santé

salute
saloutė

J'ai une **allergie** à...

Ho un'allergia a...
o oun'allėrdjia a...

Faites venir une **ambulance** !

Fate venire un'ambulanza !
fatė vėnirė oun'ammboulanndza.

Voulez-vous **appeler** un médecin ?

Vuol chiamare un medico ?
vouol kiamarė oun mėdico ?

Je ne connais pas mon **groupe sanguin.**

Non conosco il mio gruppo sanguigno.
nonn conosco il mio grouppo sanngouinyo.

Mon **groupe sanguin** est...

Il mio gruppo sanguigno è...
il mio grouppo sanngouinyo è...

Je suis (il, elle) **hémophile.**

Sono (è) emofiliaco.
sono (è) ėmofiliaco.

Où se trouve l'**hôpital** ?

Dove si trova l'ospedale ?
dovė si trova l'ospėdalė ?

Où est la **pharmacie la plus proche** ?

Dov'è la farmacia più vicina ?
dov'è la farmatchia piou vitchina ?

Je voudrais un **rendez-vous** le plus tôt possible.

Vorrei un appuntamento il più presto possibile.
vorrėï oun appounntamėnnto il piou prėsto
possibilė.

Envoyez-moi du **secours** !

Mi mandi del soccorso !
mi manndi dėl soccorso !

C'est **urgent** !

È urgente !
è ourdjėnntė !

Unités de soins		
Cardiologie	*cardiologia*	cardiolodjia
Chirurgie	*chirurgia*	kirourdjia
Consultation	*consultazione*	connsoultatsionė
Dermatologie	*dermatologia*	dėrmatolodjia
Gastro-entérologie	*gastro-enterologia*	gastroėnntėrolodjia
Gynécologie	*ginecologia*	djinėcolodjia
Infirmerie	*infermeria*	innfėrmėria
Maternité	*maternità*	matėrnita
Médecine générale	*medicina generale*	mėditchina djėnėralė
Neurologie	*neurologia*	nėourolodjia
Obstétrique	*ostetricia*	ostėtritcha
Ophtalmologie	*oftalmologia*	oftalmolodjia
Oto-rhino-laryngologie	*otorinolaringoiatria*	otorinolarinngoiatria
Pédiatrie	*pediatria*	pėdiatria
Pneumologie	*pneumologia*	pnėoumolodjia
Radiographie	*radiografia*	radiografia
Soins	*cure*	courė
Urgences	*urgenze*	ourdjėnntsė
Urologie	*urologia*	ourolodjia

Dentiste

dentista
dėnntista

Je voudrais une **anesthésie.**

Vorrei l'anestesia.
vorrėï l'anėstėsia.

Il faut l'**arracher.**

Bisogna levarlo.
bisonya lėvarlo.

Je ne veux pas que vous l'**arrachiez.**

Non voglio che lo leviate.
nonn volyo kė lo lėviatė.

Ouvrez la bouche.

Apra la bocca.
apra la bocca.

Crachez !

Sputi !
spouti !

Cette **dent** bouge.

Questo dente si muove.
couėsto dėnntė si mouovė.

J'ai cassé mon **dentier.**

Ho rotto la mia dentiera.
o rotto la mia dėnntiėra.

Il faut **extraire** la dent.

Bisogna estrarre il dente.
bisonya estrarrė il dėnntė.

Ma **gencive** est douloureuse !

La gengiva mi fa male.
la djėnndjiva mi fa malė.

J'ai très **mal** en bas… devant… au fond… en haut.

Ho molto male in basso… davanti… in fondo… in alto.
o molto malė inn basso… davannti… inn fonndo… inn alto.

J'ai **perdu** mon **plombage**… ma couronne.

Ho perso l'otturazione *(ou* la ceramica*)*… la corona.
o pėrso l'ottouratsionė *(ou* la tchėramica*)*…
la corona.

Rincez-vous !

Si risciacqui la bocca !
si richacoui la bocca !

Je préférerais des **soins provisoires.**

Preferirei delle cure provvisorie.
préférirèï dèllé couré provvisorié.

Vocabulaire		
Abcès	*l'ascesso*	achèsso
Anesthésie	*l'anestesia*	anéstésia
Appareil	*l'apparecchio*	apparèkkio
Bouche	*la bocca*	la bocca
Bridge	*il ponte*	ponnté
CABINET DE CONSULTATION	*lo studio medico*	stoudio mèdico
Carie	*la carie*	carié
Couronne	*la corona*	corona
Dent	*il dente*	dènnté
– de sagesse	*– del giudizio*	– dèl djouditsio
Dentier	*la dentiera*	dènntièra
Gencive	*la gengiva*	djènndjiva
Gingivite	*la gengivite*	djènndjivité
Incisive	*l'incisivo*	inntchisivo
Inflammation	*l'infiammazione*	innfiammatsioné
Mâchoire	*la mascella*	machèlla
Molaire	*il molare*	molaré
Obturer	*otturare*	ottouraré
Pansement	*la medicazione*	mèdicatsioné
Piqûre	*la puntura*	pounntoura
Plombage	*l'otturazione*	ottouratsioné
Saignement	*la perdita di sangue*	pèrdita di sanngoué

Hôpital • médecin

ospedale • medico
ospėdalė • mėdico

J'**ai** des coliques... des coups de soleil... des courbatures... de la fièvre... des frissons... des insomnies... la nausée... des vertiges.

Ho delle coliche... delle scottature dovute al troppo sole... i muscoli indolenziti... la febbre... dei brividi... l'insonnia... la nausea... una sensazione di vertigine, mi gira la testa.
o dėllė colikė... dėllė scottatouré dovoutė al troppo solé... i mouscoli inndolènnntsiti... la fėbbrė... dėi brividi... l'innsonnia... la naouséa... ouna sėnnsatsionė di vėrtidjinė...

Des **analyses** sont nécessaires.

Sono necessarie delle analisi.
sono nėtchėssariė dėllė analisi.

Combien vous **dois-je** ?

Quanto le devo ?
couannto lė dėvo ?

À quelle **heure** est la consultation ?

A che ora iniziano le visite ?
a kė ora initsiano lė visitė ?

Il faut aller à l'**hôpital**.

Bisogna andare all'ospedale.
bisonya anndarė all'ospėdalė.

Vous avez une **infection**.

Lei ha un'infezione.
lėi a oun'innfėtsionė.

J'ai **mal** ici... dans le dos... à la gorge... à la tête... au ventre.

Ho male qui... alla schiena... alla gola... alla testa... al ventre.
o malė coui... alla skiėna... alla gola... alla tėsta... al vėnntrė.

Je suis **malade**.

Sono ammalato.
sono ammalato.

Nous devons **opérer**.

Dobbiamo operare.
dobbiamo opėrarė.

Ouvrez la bouche.

Apra la bocca.
apra la bocca.

Je viens de la **part du docteur**.

È il dottor... che mi invia.
é il dottor... kė mi innvia.

Je vais vous faire une **piqûre**.

Le faccio una puntura.
lė fatcho ouna pountoura.

Respirez à fond.

Respiri a fondo.
rėspiri a fonndo.

Je ne me **sens** pas bien.

Non mi sento bene.
nonn mi sėnnto bėnė.

Je **suis cardiaque**.

Ho dei problemi cardiaci.
o dėi problėmi cardiatchi.

Je **suis enceinte.**

Sono incinta.
sono inntchinnta.

Depuis combien de **temps** ?

Da quanto tempo ?
da couannto tèmmpo ?

Êtes-vous vacciné contre le **tétanos** ?

É vaccinato contro il tetano ?
è vatchinato conntro il tètano ?

Tirez la langue.

Mi mostri la lingua.
mi mostri la linngoua.

Toussez.

Tossisca.
tossisca.

Vocabulaire		
Abcès	*l'ascesso*	achèsso
Allergique	*allergico*	allèrdjico
Ambulance	*l'ambulanza*	ammboulanndza
Ampoule	*la vescica*	vèchica
Anesthésie	*l'anestesia*	anèstèsia
Angine	*il mal di gola*	mal di gola
Appendicite	*l'appendicite*	appènnditchitè
Artère	*l'arteria*	artèria
Articulation	*l'articolazione*	articolatsionè
Asthme	*l'asma*	asma
Avaler	*inghiottire*	innguiottirè
Blessure	*la ferita*	fèrita
Bouche	*la bocca*	bocca
Bras	*il braccio*	bratcho
Brûlure	*la bruciatura*	broutchatoura
Cabinet de consultation	*lo studio medico*	stoudio mèdico
Cardiaque	*cardiaco*	cardiaco
Cheville	*la caviglia*	cavilya

Chirurgie	*la chirurgia*	kiroudjia
Choc	*lo choc*	choc
Clinique	*la clinica*	clinica
Cœur	*il cuore*	couorė
Colique hépatique	*la colica epatica*	colica ėpatica
– néphrétique	*– nefritica*	– nėfritica
Colonne vertébrale	*la colonna vertebrale*	colonna vėrtėbralė
Constipation	*la stitichezza*	stitikėtsa
Convulsion	*la convulsione*	connvoulsionė
Coqueluche	*la pertosse*	pėrtossė
Côte	*la costola*	costola
Cou	*il collo*	collo
Coude	*il gomito*	gomito
Coup de soleil	*l'insolazione*	innsolatsionė
Coupure	*il taglio*	talyo
Crampe	*il crampo*	crammpo
Cuisse	*la coscia*	cocha
Délire	*il delirio*	dėlirio
Dépression	*l'esaurimento*	ėsaourimėnnto
Dermatologie	*la dérmatologia*	dėrmatolodjia
Diabétique	*diabetico*	diabėtico
Diarrhée	*la diarrea*	diarrėa
Digérer	*digerire*	didjėrirė
Doigt	*il dito*	dito
Douleur	*il dolore*	dolorė
Droite (à)	*a destra*	dėstra
Enceinte	*incinta*	inntchinnta
Entorse	*la storta*	storta
Épaule	*la spalla*	spalla
Estomac	*lo stomaco*	stomaco
Fièvre	*la febbre*	fėbbrė
Foie	*il fegato*	fėgato
Foulure	*la slogatura*	slogatoura
Fracture	*la frattura*	frattoura
Furoncle	*il foruncolo*	forounncolo
Gauche (à)	*a sinistra*	sinistra
Gorge	*la gola*	gola
Grippe	*l'influenza*	innflouėnntsa
Hanche	*l'anca*	annca
Hématome	*l'ematoma*	ėmatoma
Hémophile	*l'emofilaico*	ėmofilaïco

Hémorroïdes	*le emorroidi*	èmorroïdi
Indigestion	*l'indigestione*	inndidjèstionė
Infarctus	*l'infarto*	innfarto
Infection	*l'infezione*	innfètsionė
Inflammation	*l'infiammazione*	innfiammatsionė
Insolation	*l'insolazione*	innsolatsionė
Intestins	*l'intestino*	inntèstino
Jambe	*la gamba*	gammba
Laboratoire	*il laboratorio*	laboratorio
Langue	*la lingua*	linngoua
Lèvres	*le labbra*	labbra
Mâchoire	*la mascella*	machèlla
Main	*la mano*	mano
Médecin	*il medico*	mèdico
Médicament	*la medicina*	mèditchina
Morsure de chien	*il morso di un cane*	morso di oun canė
– de serpent	*– di un serpente*	– di oun sèrpènntė
Muscle	*il muscolo*	mouscolo
Nausée	*la nausea*	naousèa
Nerf	*il nervo*	nèrvo
Nez	*il naso*	naso
Œil	*l'occhio*	okio
Ordonnance	*la ricetta*	ritchètta
Oreilles	*gli orecchi*	orèki
Oreillons	*gli orecchioni*	orèkioni
Orgelet	*l'orzaiolo*	ordzaïolo
Os	*l'osso*	osso
Otite	*l'otite*	otitė
Peau	*la pelle*	pèllė
Pied	*il piede*	pièdė
Piqûre	*la puntura*	pountoura
– d'abeille	*– d'ape*	– d'apė
– de méduse	*la bruciatura di medusa*	broutchatoura di mèdousa
Pleurésie	*la pleurite*	plèouritė
Poitrine	*il petto*	pètto
Poumon	*il polmone*	polmonė
Prostate	*la prostata*	prostata
Refroidissement	*il raffreddamento*	raffrèddamènnto
Rein	*il rene*	rènė
Respirer	*respirare*	rèspirarė

Rhumatisme	*il reumatismo*	rėoumatismo
Rhume	*il raffreddore*	raffrėddorė
Rotule	*la rotula*	rotoula
Rougeole	*il morbillo*	morbillo
Sang	*il sangue*	sanngouė
Sciatique	*sciatica*	chatica
Sein	*il seno*	sėno
Selles	*le feci*	fėtchi
Sida	*aids*	aids
Sinusite	*la sinusite*	sinousitė
Somnifère	*il sonnifero*	sonnifėro
Stérilet	*la spirale*	spiralė
Système nerveux	*il sistema nervoso*	sistėma nėrvoso
Talon	*il calcagno*	calcanyo
Tendon	*il tendine*	tėnndinė
Tension	*la tensione*	tėnnsionė
Tête	*la testa*	tėsta
Toux	*la tosse*	tossė
Tranquillisant	*il tranquillante*	trancouillanntė
Ulcère	*l'ulcera*	oulchėra
Urine	*l'orina*	orina
Varicelle	*la varicella*	varitchėlla
Veine	*la vena*	vėna
Vésicule biliaire	*la cistifellea*	tchistifėllėa
Vessie	*la vescica*	vėchica
Visage	*il viso*	viso

Pharmacie

farmacia
farmatchïa

Pouvez-vous m'indiquer une **pharmacie de garde** ?

Puo indicarmi una farmacia di turno ?
pouo inndicarmi ouna farmatchia di tourno ?

Avez-vous ce médicament sous une autre **forme** ?

Ha questa medicina sotto un'altra forma ?
a couèsta méditchina sotto oun'altra forma ?

Avez-vous un médicament de même **formule** ?

Ha una medicina che abbia la stessa formula chimica ?
a ouna méditchina kè abbia la stèssa formoula kimica ?

J'ai besoin d'un remède contre le **mal** de tête.

Ho bisogno di qualcosa contro il mal di testa.
o bisonyo di coualcosa conntro il mal di tèsta.

Ce **médicament** se délivre seulement sur **ordonnance**.

Posso venderle questa medicina solo se ha una ricetta.
posso vènndèrlè couèsta méditchina solo sè a ouna ritchètta.

Pouvez-vous me **préparer** cette ordonnance ?

Può prepararmi questa ricetta ?
pouo prépararmi couèsta ritchètta ?

Avez-vous **quelque chose** pour arrêter la diarrhée ?

Ha qualcosa per far smettere la diarrea ?
a coualcosa pèr far smèttèrè la diarréa ?

Avez-vous quelque chose pour **soigner** la toux ?

Ha qualcosa contro la tosse ?
a coualcosa conntro la tossè ?

Vocabulaire		
A jeun	***digiuno***	didjouno
Alcool	***alcole***	alcolè
Analyse	***l'analisi***	analisi
Antidote	***l'antidoto***	anntidoto
Antiseptique	***antisettico***	anntisèttico
Aspirine	***l'aspirina***	aspirina
Bactéricide	***il battericida***	battèritchida
Bandage	***la fasciatura***	fachatoura
Bouillotte	***la bottiglia del'acqua calda***	bottilya dèll'acoua calda
Calmant	***il calmante***	calmanntè
Collyre	***il collirio***	collirio
Compresse	***la pezzetta***	pèdzètta
Comprimé	***la compressa***	comprèssa
Contraceptif	***il contraccettivo***	conntratchèttivo
Coton	***il cotone***	cotonè
Désinfectant	***il disinfettante***	disinnfèttanntè
Gouttes pour le nez	***le gocce per il naso***	gotchè pèr il naso
– pour les oreilles	***– per gli orecchi***	– pèr ly orèki
– pour les yeux	***– per gli occhi***	– pèr ly oki
Laxatif	***il lassativo***	lassativo
Mouchoirs en papier	***i fazzoletti di carta***	fadzolètti di carta
Ordonnance	***la ricetta***	ritchètta
Pansement	***la fasciatura***	fachatoura
PHARMACIE DE GARDE	***FARMACIA DI TURNO***	farmatchia di tourno
Pilule contraceptive	***la pillola***	pillola
Pommade	***la pomata***	pomata
– anti-brûlure	***– per le bruciature***	– pèr lè broutchatourè
– anti-infections	***– anti-infezioni***	– annti-innfètsioni
Préservatif	***il preservativo***	prèsèrvativo
Produit anti-moustiques	***il prodotto contro le zanzare***	prodotto conntro lè dzannzarè

Serviettes hygiéniques	*gli assorbenti*	assorbènnti
Sirop	*lo sciroppo*	chiroppo
Somnifère	*il sonnifero*	sonniféro
Sparadrap	*il cerotto*	tchèrotto
Suppositoires	*le supposte*	soupposté
Thermomètre	*il termometro*	tèrmométro
Tranquillisant	*il tranquillante*	tranncouillannté
Trousse d'urgence —	*la borsa di pronto soccorso*	borsa di pronnto soccorso
Vitamine (C)	*la vitamina (C)*	vitamina (tchi)

Voiture

vettura
vèttoura

Accident

incidente
inntchidènnté

Il m'est arrivé un **accident**.

Ho avuto un incidente.
o avouto oun inntchidènnté.

Il y a eu un **accident sur la route** de...
au croisement de... entre... à environ X km de...

È successo un incidente sulla strada di...
all'incrocio... tra... a circa X chilometri da...
è soutchèsso oun intchidènnté soulla strada di... all'inncrotcho... tra... a tchirca X kilomètri da...

Pouvez-vous m'**aider** ?

Può aiutarmi ?
pouo aioutarmi ?

Appelez vite une **ambulance**... un **médecin**... la **police**.

Chiami subito un'ambulanza... un medico... la polizia.
kiami soubito oun'ammboulanndza... oun mėdico... la politsia.

Il y a des **blessés**.

Ci sono dei feriti.
tchi sono dėï fėriti.

Je suis **blessé**.

Sono ferito.
sono fėrito.

Ne **bougez** pas.

Non si muova.
nonn si mouova.

Coupez le contact.

Spenga il motore.
spėnnga il motorė.

Il faut **dégager** la voiture.

Bisogna spostare la macchina.
bisonya spostarė la makkina.

Donnez-moi les **papiers de la voiture**... attestation d'assurance... carte grise.

Mi dia i documenti dell'auto... l'assicurazione... la carta grigia.
mi dia i docoumėnnti dėll'aouto... l'assicouratsione... la carta gridja.

Voici mon **nom et mon adresse**.

Ecco il mio nome e il mio indirizzo.
ėcco il mio nomė ė il mio inndiritso.

Donnez-moi vos **papiers**... votre **permis de conduire.**

Mi dia i suoi documenti... la patente.
mi dia i souoï docoumènnti... la patènnté.

Puis-je **téléphoner** ?

Posso telefonare ?
posso téléfonaré ?

Acceptez-vous de **témoigner** ?

Accetta di testimoniare ?
atchètta di téstimoniaré ?

Avez-vous une **trousse de secours** ?

Ha una borsa di pronto soccorso ?
a ouna borsa di pronnto soccorso ?

Vocabulaire		
Artère	*l'arteria*	artèria
Articulation	*l'articolazione*	articolatsioné
Blessure	*la ferita*	férita
Bras	*il braccio*	bratcho
Brûlure, brûlé	*la bruciatura, bruciato*	broutchatoura, broutchato
Choc	*lo choc, il trauma*	choc, traouma
Colonne vertébrale	*la colonna vertebrale*	colonna vértébralé
Côte	*la costola*	costola
Épaule	*la spalla*	spalla
Garrot	*il laccio emostatico*	latcho émostatico
Genou	*il ginocchio*	djinokio
Hémorragie	*l'emorragia*	émorradjia
Jambe	*la gamba*	gammba
Ligaturer	*fasciare, allacciare*	facharé, allatcharé
Main	*la mano*	mano
Nuque	*la nuca*	nouca
Œil	*l'occhio*	okio
Pied	*il piede*	piédé

Poitrine	*il petto*	pėtto
Tête	*la testa*	tėsta
Veine	*la vena*	vėna
Visage	*il viso*	viso

Garage

garage
garagė

Pouvez-vous recharger la **batterie** ?

Può ricaricare la batteria ?
pouo ricaricarė la battėria ?

Le moteur **cale**.

Il motore si spegne.
il motorė si spėnyė.

Il est nécessaire de **changer**...

Bisogna cambiare...
bisonya cammbiarė...

Combien **coûte** la réparation ?

Quanto costa la riparazione ?
couannto costa la riparatsionė ?

La voiture ne **démarre** pas.

La macchina non si mette in moto.
la makkina nonn si mėttė inn moto.

L'embrayage patine.

La frizione slitta.
la fritsionė slitta.

Le radiateur **fuit**.

Il radiatore ha una perdita.
il radiatorė a ouna pėrdita.

Il y a une **fuite d'huile**.

C'è una perdita d'olio.
tchė ouna pėrdita d'olio.

Puis-je **laisser** la voiture ?

Posso lasciare la macchina ?
posso lacharé la makkina ?

Le **moteur** chauffe trop.

Il motore scalda troppo.
il motoré scalda troppo.

Avez-vous la **pièce de rechange** ?

Ha il pezzo di ricambio ?
a il pètso di ricammbio ?

Quand sera-t-elle **prête** ?

Quando sarà pronta ?
couanndo sara pronnta ?

Pouvez-vous **vérifier** l'allumage... la direction... les freins... l'huile... le circuit électrique ?

Può verificare l'accensione... lo sterzo... i freni... l'olio... il circuito elettrico ?
pouo vérificaré l'atchénnsioné... lo stèrdzo... i fréni... l'olio... il tchircouito éléttrico ?

Les **vitesses** passent mal.

Le marcie non ingranano bene.
lé martché non ingranano béné.

Panne

guasto
gouasto

Ma voiture est en panne.

La mia macchina ha un guasto.
la mia makkina a oun gouasto.

Pouvez-vous m'**aider** à pousser... à changer la roue ?

Può aiutarmi a spingere... a cambiare la ruota ?
pouo aioutarmi a spinndjéré... a cammbiaré la rouota ?

Combien de temps faut-il **attendre** ?

Quanto tempo bisogna aspettare ?
couannto tèmmpo bisonya aspèttaré ?

Pouvez-vous me **conduire** à... ?

Può portarmi a... ?
pouo portarmi a... ?

Peut-on faire venir une **dépanneuse** ?

Si può far venire un carro attrezzi ?
si pouo far vèniré oun carro attrètsi ?

Où est le **garage** le plus proche ?

Dov'è il garage più vicino ?
dov'è il garage piou vitchino ?

Pouvez-vous me **remorquer** ?

Può rimorchiarmi ?
pouo rimorkiarmi ?

Y a-t-il un **service de dépannage** ?

C'è un'officina ?
tché oun'offitchina ?

La **station-service** est-elle loin ?

La stazione di servizio è lontana ?
la statsioné di sèrvitsio é lonntana ?

D'où peut-on **téléphoner** ?

Da dove si può telefonare ?
da dové si pouo téléfonaré ?

Me permettez-vous d'**utiliser votre téléphone** ?

Mi permette di utilizzare il suo telefono ?
mi pèrmètté di outilidzaré il souo téléfono ?

Transports • déplacements

Agence de voyages

agenzia di viaggi
adjenntsia di viadji

Bonjour !

Buongiorno !
bouonndjorno !

Pouvez-vous m'indiquer une **agence de voyages** ?

Può indicarmi un'agenzia di viaggi ?
pouo indicarmi oun'adjènntsia di viadji ?

J'aimerais...

Mi piacerebbe...
mi piatchérèbbé...

Auriez-vous... ?

Avrebbe... ?
avrèbbé... ?

Acceptez-vous les **cartes de crédit**... les Traveller chèques ?

Accetta le carte di credito... i Traveller chèques ?
atchètta lé carté di crèdito... i traveller chèque ?

Pourriez-vous m'organiser un **circuit** partant de... passant par... pour aller à...

Può organizzarmi un circuito che parta da... che passi per... per andare a...
pouo organidzarmi oun tchircouito ké parta da...
ké passi pér... pér anndaré a...

Cela me **convient.**

Mi va bene.
mi va bénè.

Combien cela **coûte**-t-il ?

Quanto costa ?
couannto costa ?

Pour la visite, avez-vous un **guide** parlant français ?

Per la visita, ha una guida che parli francese ?
per la visita, a ouna gouida kè parli franntchèse ?

J'aimerais **modifier** le parcours.

Vorrei modificare il percorso.
vorrèï modificarè il pèrcorso.

Pouvez-vous me **proposer** autre chose ?

Ha qualcos'altro da propormi ?
a coualcosaltro da propormi ?

Le **transfert** à la gare... à l'aéroport... de l'hôtel à la gare... est-il inclus ?

Il trasporto alla stazione... all'aeroporto... dall'albergo alla stazione... è incluso nel prezzo ?
il trasporto alla statsionè... all'aèroporto... dall'albèrgo alla statsione... è innclouso nèl prètso ?

Merci, au revoir !

Grazie, arrivederci !
gratsiè, arrivèdèrtchi !

Vocabulaire		
Annuler	*annullare*	annoullarė
Arriver	*arrivare*	arrivarė
Assurances	*le assicurazioni*	assicouratsioni
Avion	*l'aereo*	aėrėo
Bagage	*il bagaglio*	bagalyo
– (excédent de)	*eccedente di bagaglio*	etchėdėnnte di bagalyo
Billet	*il biglietto*	bilyėtto
– aller et retour	*l'andata e ritorno*	anndata ė ritorno
– demi-tarif	*la mezza tariffa*	mėdza tariffa
– de groupe	*il biglietto di gruppo*	bilyėtto di grouppo
– plein tarif	*la tariffa completa*	tariffa complėta
Boisson	*la bibita*	bibita
Cabine	*la cabina*	cabina
Chambre	*la camera*	camėra
Changer	*cambiare*	cammbiarė
Circuit	*il circuito*	tchircouito
Classe affaires	*la classe affari*	classė affari
– (première)	*la prima classe*	prima classė
– (seconde)	*la seconda classe*	sėconnda classė
– touriste	*la classe turistica*	classė touristica
Compartiment	*lo scompartimento*	scommpartimėnnto
Confirmer	*confermare*	connfėrmarė
Correspondance	*la coincidenza*	coïnntchidėnndza
Couchette	*la cùccetta*	coutchėtta
Couloir	*il corridoio*	corridoïo
Croisière	*la crociera*	crotchėra
Escale	*lo scalo*	skalo
Excursion	*l'escursione*	ėscoursionė
Fenêtre	*la finestra*	finėstra
Fumeurs	*fumatori*	foumatori
Guide	*la guida*	gouida
Inclus	*incluso*	innclouso
Indicateur des chemins de fer	*l'orario dei treni*	orario dėi trėni
Non fumeurs	*non fumatori*	non foumatori
Randonnée	*la passeggiata*	passėdjata
Repas	*il pasto*	pasto
Réservation	*la prenotazione*	prėnotatsionė
Retard	*il ritardo*	ritardo

Route	***la strada***	strada
Saison basse	***la bassa stagione***	bassa stadjonė
– haute	***l'alta stagione***	alta stadjonė
Supplément	***il supplemento***	soupplémėnnto
Train	***il treno***	trėno
Trajet	***il tragitto***	tradjitto
Transfert	***il trasporto***	trasporto
Valise	***la valigia***	validja
Voiture	***l'automobile***	aoutomobilė
Vol	***il volo***	volo
Wagon-lit	***il vagone letto***	vagonė lėtto
– restaurant	***– ristorante***	ristoranntė

Autobus • autocar

autobus • corriera
aoutobous • corrièra

Où est la station du bus qui va à... ?

Dov'è la stazione dell'autobus che va a... ?
dov'ė la statsionė dėll'aoutobouss kė va a... ?

Pouvez-vous m'**arrêter** à...

Mi può lasciare a...
mi pouo lachiarė a...

Je voudrais un **billet** pour aller à...

Vorrei un biglietto per andare a...
vorrėï oun bilyėtto pėr anndarė a...

Faut-il **changer** de bus ?

Bisogna cambiare autobus ?
bisonya cammbiarė aoutobous ?

Combien coûte le trajet jusqu'à... ?

Quanto costa il tragitto fino a... ?
couannto costa il tradjitto fino a... ?

Cette place est-elle libre ?

E libero questo posto ?
é libero couèsto posto ?

Pouvez-vous me prévenir, quand je devrai **descendre** ?

Può dirmi quando devo scendere ?
pouo dirmi couanndo dèvo chènndèrè ?

À quelle **heure** passe le dernier bus ?

A che ora passa l'ultimo autobus ?
a kè ora passa l'oultimo aoutobous ?

Avez-vous un **plan** du réseau... un horaire ?

Ha una carta degli itinerari degli autobus...
un orario ?
a ouna carta dèly itinèrari dèly aoutobous... oun orario ?

Vocabulaire		
Aller simple	*l'andata*	anndata
Aller et retour	*l'andata e ritorno*	anndata è ritorno
ARRÊT	*LA FERMATA*	fèrmata
ARRÊT FACULTATIF	*FERMATA A RICHIESTA*	fèrmata a rikièsta
BAGAGES	*I BAGAGLI*	bagaly
Banlieue	*la periferia*	pèrifèria
BILLET	*IL BIGLIETTO*	bilyètto
Chauffeur	*l'autista*	aoutista
Complet	*completo*	commplèto
Correspondance	*la coincidenza*	coïnntchidènntsa
Demi-tarif	*la mezza tariffa*	mèdza tariffa
Destination	*la destinazione*	dèstinatsionè
Guichet	*lo sportello*	sportèllo
Horaire	*l'orario*	orario
MONTÉE	*LA SALITA*	salita
Prix (du billet)	*il prezzo*	prètso
Receveur	*il bigliettaio*	bilyèttaïo

RENSEIGNEMENTS	***LE INFORMAZIONI***	innformatsioni
SORTIE	***L'USCITA***	ouchita
STATION	***LA STAZIONE* ou *FERMATA***	statsioné fèrmata
Supplément	***il supplemento***	soupplémènnto
Tarif	***la tariffa***	tariffa
Terminus	***il capolinea***	capolinéa

Avion

aereo
aèréo

Acceptez-vous les **animaux** en cabine ?

Accettate gli animali all'interno ?
atchéttaté ly animali all'inntèrno ?

Faut-il enregistrer ce **bagage** ?

Devo registrare questa valigia ?
dévo rédjistraré couésta validja ?

Puis-je garder cette valise comme **bagage à main** ?

Posso tenere questa valigia come bagaglio a mano ?
posso ténéré couésta validja comé bagalyo a mano ?

Mon **bagage est endommagé.**

Il mio bagaglio è danneggiato.
il mio bagalyo è dannédjato.

Je voudrais un **billet** simple... un aller retour... en première classe... en classe affaires... en classe touristes.

Vorrei un biglietto... un'andata e ritorno... in prima classe... in classe affari... in classe turistica.
vorréï oun bilyetto... oun'anndata é ritorno... inn prima classé... inn classé affari... inn classé touristica.

Où se trouve la **boutique « hors taxes »** ?

Dov'è la boutique free taxe ?
dov'è la boutiquė free taxe ?

J'ai perdu ma **carte d'embarquement**.

Ho perso la mia carta d'imbarco.
o pėrso la mia carta d'immbarco.

Où est le **comptoir d'enregistrement** ?

Dov'è l'ufficio di registrazione ?
dov'è l'ouffitcho di rėdjistratsionė ?

Pouvez-vous me **conduire** à l'aéroport ?

Può condurmi all'aeroporto ?
pouo conndourmi all'aėroporto ?

À quelle heure a lieu l'**embarquement** ?... à quelle porte ?

A che ora è l'imbarco... a che porta ?
a kė ora è l'immbarco... a kė porta ?

DERNIER APPEL... **EMBARQUEMENT IMMÉDIAT.**

ULTIMA CHIAMATA... IMBARCO IMMEDIATO.
oultima kiamata... immbarco immėdiato.

Dois-je payer un **excédent de bagages** ?

Devo pagare un eccedente di bagaglio ?
dėvo pagarė oun ėtchėdėnntė di bagalyo ?

Y a-t-il encore de la **place** sur le vol... ?

C'è ancora posto sul volo... ?
tchė anncora posto soul volo... ?

Pouvez-vous changer ma **réservation** ?

Può cambiare la mia prenotazione ?
pouo cammbiarė la mia prėnotatsionė ?

J'ai confirmé ma **réservation** il y a trois jours.

Ho confermato la mia prenotazione tre giorni fa.
o connfėrmato la mia prėnotatsione trė djorni fa.

Le vol est-il **retardé**... annulé ?

Il volo è ritardato... annullato ?
il volo ė ritardato... annoullato ?

Je voudrais un **siège** à l'avant... à l'arrière... près d'un hublot... sur l'allée dans la zone « fumeurs »... « non fumeurs ».

Vorrei una poltroncina all'avanti... in fondo... vicino a un oblò... sulle poltrone centrali... nel settore fumatori... non fumatori.
vorrėï ouna poltronntchina all'avannti... in fonndo... vitchino a oun oblo... soullė poltronė tchėnntrali... nėl sėttorė foumatori... nonn foumatori.

Ai-je le **temps** d'aller changer de l'argent ?

Ho il tempo di cambiare del denaro ?
o il tėmmpo di cammbiarė dėl dėnaro ?

À quelle heure décolle le prochain **vol** pour... ?

A che ora decolla il prossimo volo per... ?
a kė ora dėcolla il prossimo volo pėr... ?

En vol

in volo
inn volo

Restez **assis** jusqu'à l'arrêt complet de l'appareil.

Restate seduti fino a che l'aereo sia completamente fermo.
réstaté sédouti fino a ké l'aéréo sia commplétamènnté fèrmo.

ATTACHEZ VOS CEINTURES.

ALLACCIATE LE CINTURE.
allatchaté lé tchinntouré.

Je voudrais **boire** quelque chose... je voudrais une couverture.

Vorrei bere qualcosa... Vorrei una coperta.
vorrèï bèré coualcosa... vorrèï ouna copèrta.

Mes **écouteurs** ne fonctionnent pas.

La mia cuffia non funziona.
la mia couffia non founntsiona.

NE FUMEZ PAS PENDANT LE DÉCOLLAGE.

NON FUMATE DURANTE IL DECOLLO.
non foumaté dourannté il décollo.

NE FUMEZ PAS PENDANT L'ATTERRISSAGE.

NON FUMATE DURANTE L'ATTERRAGGIO.
nonn foumaté dourannté l'attèrradjo.

NE FUMEZ PAS DANS LES TOILETTES.

NON FUMATE NELLE TOILETTE.
nonn foumaté nèllé toilètté.

Votre **gilet de sauvetage** est sous votre siège.

Il vostro gilè di salvataggio è sotto la poltrona.
il vostro djilé di salvatadjo é sotto la poltrona.

Veuillez retourner à vos **places**.

Vogliate ritornare ai vostri posti.
volyaté ritornaré aï vostri posti.

Quelle est la **température** au sol ?

Qual'é la temperatura esteriore ?
coualé la tèmmpératoura éstérioré ?

Dans combien de **temps** servez-vous le petit déjeuner... le déjeuner... le dîner ?

Tra quanto tempo servirete la colazione ?...
il pranzo... la cena ?
tra couannto tèmmpo sérvirèté la colatsione...
il pranndzo... la tchèna ?

Notre **temps de vol** jusqu'à... sera de...

Il nostro tempo di volo fino a... sarà di...
il nostro tèmmpo di volo fino a... sara di...

Nous entrons dans une zone de **turbulences.**

Entriamo in una zona di turbolenze.
ènntriamo inn ouna dzona di tourbolènntsé.

Nous **volons** à une altitude de...

Voliamo a una altitudine di...
voliamo a ouna altitoudiné di...

Vocabulaire		
ACCÈS AUX AVIONS	*ACCESSO AGLI AEREI*	atchèsso aly aèrëï
Aéroport	*l'aeroporto*	aèroporto
Allée	*l'andata*	anndata
Aller	*andare*	anndarė
ARRIVÉE	*ARRIVO*	arrivo
Assurances	*le assicurazioni*	assicouratsioni
Atterrissage	*l'atterraggio*	attèrradjo
Bagages	*i bagagli*	bagaly
– à main	*– a mano*	– a mano
Bar	*il bar*	bar
Billet	*il biglietto*	bilyètto
Boutique hors taxe	*la boutique free taxe*	boutiquė free taxe
Cabine	*la cabina*	cabina
Carte d'embarquement	*la carta d'imbarco*	carta d'immbarco
Classe affaires	*la classe affari*	classė affari
– (première)	*la prima classe*	prima classė
– touristes	*la classe turistica*	classė touristica
Commandant de bord	*comandante di bordo*	comanndanntė di bordo
Confirmation	*la conferma*	connfèrma
CONTRÔLE DES PASSEPORTS	*CONTROLLO DEI PASSAPORTI*	controllo dèï passaporti
Correspondance	*la coincidenza*	coïntchidènntia
DÉPART	*PARTENZA*	partènntsa
DOUANE	*DOGANA*	dogana
EMBARQUEMENT	*IMBARCO*	immbarco
Embarquement immédiat	*imbarco immediato*	immbarco immèdiato
Équipage	*l'equipaggio*	ècouipadjo
Fiche de police	*la scheda*	skèda
Fouille de sécurité	*la perquisizione di sicurezza*	percouisitsionė di sicourètsa
FUMEURS	*FUMATORI*	foumatori
Gilet de sauvetage	*il gilè di salvataggio*	djilė di salvatadjo
Horaire	*l'orario*	orario
Hôtesse de l'air	*l'hostess*	ostèss
Hublot	*l'oblò*	oblo
IMMIGRATION	*IMMIGRAZIONE*	immigratsionė
NON FUMEURS	*NON FUMATORI*	non foumatori

Passeport	*il passaporto*	passaporto
Porte	*la porta*	porta
Porteur	*il facchino*	fakkino
Réservation	*la prenotazione*	prènotatsionè
Retardé	*in ritardo*	ritardo
Sac	*la borsa*	borsa
SORTIE DE SECOURS	*USCITA DI SICUREZZA*	ouchita di sicourètsa
Soute	*il bagagliaio*	bagalyaïo
Supplément	*il supplemento*	soupplèmènnto
TRANSIT	*TRANSITO*	trannsito
Valise	*la valigia*	validja
Visa	*il visto*	visto
Vol	*il volo*	volo
– intérieur	*– interno*	– inntèrno
– international	*– internazionale*	– inntèrnationalè

Bateau

battello
battèllo

DERNIER APPEL, les passagers sont priés de monter à bord.

ULTIMA CHIAMATA, i passeggeri sono pregati di salire a bordo.
oultima kiamata, i passèdjèri sono prègati di salirè a bordo.

Pour quelle heure l'**arrivée** est-elle prévue ?

Per che ora è previsto l'arrivo ?
pèr kè ora è prèvisto l'arrivo ?

Voulez-vous faire porter mes **bagages** dans la cabine numéro...

Può farmi portare i bagagli nella cabina numero...

pouo farmi portarė i bagaly nėlla cabina nouméro...

Mon **bagage est endommagé.**

Il mio bagaglio è danneggiato.
il mio bagalyo ė dannėdjato.

Je voudrais un **billet** simple... aller et retour... première classe... seconde classe.

Vorrei un biglietto... andata e ritorno... prima classe... seconda classe.
vorrėï oun bilyėtto... anndata ė ritorno... prima classė... sėconnda classė.

Où sont les **bureaux** de la compagnie maritime ?

Dove sono gli uffici della compagnia marittima ?
dovė sono ly ouffitchi dėlla commpanya marittima ?

Y a-t-il encore des **cabines** disponibles ?

Ci sono ancora cabine disponibili ?
tchi sono anncora cabinė disponibili ?

Je voudrais une **cabine sur le pont.**

Vorrei una cabina sul ponte.
vorrėï ouna cabina soul ponntė.

Pourrais-je disposer d'une **chaise longue** ?

Potrei avere una sedia a sdraio ?
potrėï avėrė ouna sėdia a sdraïo ?

Pouvez-vous me **conduire** au port ?

Può condurmi al porto ?
pouo conndourmi al porto ?

À quelle heure a lieu l'**embarquement**... le départ ?

A che ora è l'imbarco... la partenza ?

a kė ora ė l'immbarco... la partènntsa ?

Quelle est la durée de l'**escale** ?

Quanto dura lo scalo ?
couannto doura lo scalo ?

Pouvez-vous m'**indiquer** le bar ?

Può indicarmi il bar ?
pouo inndicarmi il bar ?

J'ai le **mal de mer**. Avez-vous un remède ?

Ho il mal di mare. Ha un rimedio ?
o il mal di marė. a oun rimèdio ?

Pouvez-vous changer ma **réservation** ?

Può cambiare la mia prenotazione ?
pouo cammbiarė la mia prėnotatsionė ?

À quelle heure **servez-vous** le petit déjeuner... le déjeuner... le dîner ?

A che ora servite la colazione... il pranzo... la cena ?
a kė ora sėrvitė la colatsionė... il pranntso... la tchėna ?

Combien de **temps** dure la traversée... la croisière ?

Quanto tempo dura la traversata... la crociera ?
couannto tėmmpo doura la travėrsata ?... la crotchėra ?

Est-ce une **traversée** de jour ou de nuit ?

È una traversata di giorno o di notte ?
ė ouna travėrsata di djorno o di nottė ?

Vocabulaire		
Aller	*andare*	anndarė
Annulé	*annullato*	annoullato
ARRIVÉE	*ARRIVO*	arrivo
Assurances	*l'assicurazione*	assicouratsionė
Bâbord	*il babordo*	babordo
Bagages	*i bagagli*	bagaly
Bar	*il bar*	bar
Billet	*il biglietto*	bilyėtto
Bouée	*il salvagente*	salvadjėnntė
Cabine	*la cabina*	cabina
Cale	*la cala*	cala
Canot de sauvetage	*il canotto di salvataggio*	canotto di salvatadjo
Chaise longue	*la sedia a sdraio*	sėdia a sdraïo
Commissaire de bord	*il commissario di bordo*	commissario di bordo
Confirmation	*la conferma*	connfėrma
Couchette	*la cuccetta*	coutchėtta
Couverture	*la coperta*	copėrta
Classe première	*la prima classe*	prima classė
– seconde	*la seconda classe*	sėconnda classė
DÉPART	*PARTENZA*	partėnntsa
DESCENDRE	*SCENDERE*	chėnndėrė
DOUANE	*DOGANA*	dogana
EMBARQUEMENT	*IMBARCO*	immbarco
Embarcadère	*l'imbarcadero*	immbarcadėro
Équipage	*l'equipaggio*	ėcouipadjo
Escale	*lo scalo*	skalo
Excursion	*l'escursione*	escoursionė
Fiche de police	*la scheda*	skėda
Fouille de sécurité	*la perquisizione di sicurezza*	pėrcouisitsionė di sicourėtsa
FUMEURS	*FUMATORI*	foumatori
Gilet de sauvetage	*il gilè di salvataggio*	djilė di salvatadjo
Horaire	*l'orario*	orario
Hublot	*l'oblo*	oblo
IMMIGRATION	*IMMIGRAZIONE*	immigratsionė
Jetée	*la diga*	diga
MÉDECIN DE BORD	*MEDICO DI BORDO*	mėdico di bordo
MONTER	*SALIRE*	salirė

Nœud (vitesse)	*il nodo*	nodo
NON FUMEURS	*NON FUMATORI*	non foumatori
Passeport	*il passaporto*	passaporto
Passerelle	*la passerella*	passèrèlla
Pont	*il ponte*	ponntė
Port	*il porto*	porto
Porteur	*il facchino*	fakkino
Poupe	*la poppa*	poppa
Proue	*la prua*	proua
Quai	*la banchina*	bannkina
Réservation	*la prenotazione*	prènotatsionė
Retard	*il ritardo*	ritardo
Sac	*la borsa*	borsa
Supplément	*il supplemento*	soupplèmènnto
Toilettes	*le toilette*	toilèttė
Tribord	*il tribordo*	tribordo
Valise	*la valigia*	validja
Visa	*il visto*	visto

Circulation

traffico
traffico

Comment peut-on **aller** à... ?

Come si può andare a... ?
comė si pouo anndarė a... ?

Il faut faire **demi-tour**.

Bisogna tornare indietro.
bisonya tornarė inndiètro.

À quelle **distance** suis-je de... ?

A che distanza sono da... ?
a kė distanntsa sono da... ?

Voulez-vous m'**indiquer** sur la carte... sur le plan ?

Può indicarmi sulla carta... sulla pianta ?
pouo inndicarmi soulla carta... soulla piannta ?

Est-ce **loin** d'ici ?

È lontano da qui ?
é lonntano da coui ?

Où y a-t-il un garage... un hôpital... un hôtel... un restaurant... dans les environs ?

Dove posso trovare un garage... un ospedale... un hotel... un ristorante... nei dintorni ?
dovė posso trovarė oun garagė... oun ospėdalė... oun hotėl... oun ristoranntė... nėï dinntorni ?

Où puis-je **stationner** ?

Dove posso parcheggiare ?
dovė posso parkėdjarė ?

Tournez à droite... à gauche.

Giri a destra... a sinistra.
djiri a dėstra... a sinistra.

Vocabulaire		
À côté	*vicino a*	vitchino a
À droite	*a destra*	a dėstra
À gauche	*a sinistra*	a sinistra
Avenue	*il viale*	vialė
Banlieue	*la periferia*	pėrifėria
Boulevard	*il corso*	corso
Carrefour	*l'incrocio*	inncrotcho
Chemin	*la via*	via
Code de la route	*il codice stradale*	coditchė stradalė
Conduire	*condurre, guidare*	conndourrė, gouidarė
Demi-tour	*dietro front*	diėtro front
Derrière	*dietro*	diėtro
Descente	*la discesa*	dichėsa
Devant	*davanti*	davannti
Direction	*la direzione*	dirėtsionė
Embouteillage	*l'ingorgo, ingombro stradale*	inngorgo, ingommbro stradale
En face	*di fronte*	di fronntė

Environs (les)	*i dintorni*	dinntorni
État des routes	*le condizioni di traffico*	konditsioni di traffico
Excès de vitesse	*Eccesso di velocità*	ètchèsso di velotchita
Fluide (circulation)	*scorrevole*	skorrèvolé
Montée	*la salita*	salita
Parc	*il parco*	parco
Place	*la piazza*	piatsa
Pont	*il ponte*	ponnté
Rond-point	*la rotonda*	rotonnda
Route	*la strada*	strada
Rue	*la via*	via
Sens unique	*il senso unico*	sènnso ounico
– interdit	*– vietato*	– viètato
Sentier	*il sentiero*	sènntièro
Sous	*sotto*	sotto
Sur	*sopra*	sopra
Tournant	*il tornante*	tornannté
Tout droit	*sempre dritto*	sèmmpré dritto
Tunnel	*il tunnel, la galleria*	tounnèl, gallèria

Panneaux routiers

segnali stradali
senyali stradali

ACCENDERE I FANALI	ALLUMEZ LES PHARES
AREA DI PARCHEGGIO	AIRE DE REPOS
ALTEZZA LIMITATA	HAUTEUR LIMITÉE
AUTOSTRADA	AUTOROUTE
BARRIERA AUTOMATICA	BARRIÈRE AUTOMATIQUE
BORDI CEDEVOLI	BAS-CÔTÉ NON STABILISÉ
CADUTA PIETRE	CHUTES DE PIERRES
CENTRO	CENTRE
CIRCOLATE SU UNA CORSIA	CIRCULEZ SUR UNE FILE
CURVE PER... KM	VIRAGES SUR... KM
DEVIAZIONE	DÉVIATION
DOGANA	DOUANE
FRONTIERA	FRONTIÈRE
GHIACCIO	VERGLAS

INCROCIO PERICOLOSO	CROISEMENT DANGEREUX
LAVORI IN CORSO	TRAVAUX
NEBBIA	BROUILLARD
OSPEDALE	HÔPITAL
PARCHEGGIO A PAGAMENTO	PARKING PAYANT
PARCHEGGIO ALTERNO	STATIONNEMENT ALTERNÉ
PASSAGGIO A LIVELLO	PASSAGE À NIVEAU
PASSAGGIO ALTERNO	PASSAGE ALTERNÉ
PASSAGGIO PEDONALE	PASSAGE PIÉTONS
PASSAGGIO PROTETTO	PASSAGE PROTÉGÉ
PEDAGGIO A... KM	PÉAGE À... KM
PENDIO... %	PENTE... %
PERICOLO	DANGER
PERIFERICO	PÉRIPHÉRIQUE
POLIZIA	POLICE
PONTE	PONT
PRECEDENZA A DESTRA	PRIORITÉ À DROITE
PRECEDENZA A SINISTRA	PRIORITÉ À GAUCHE
RALLENTARE	RALENTIR
SCUOLA	ÉCOLE
SEMAFORI	FEUX DE CIRCULATION
SENSO UNICO	SENS UNIQUE
SENSO VIETATO	SENS INTERDIT
SENZA USCITA	SANS ISSUE
SMOTTAMENTO	ÉBOULEMENT
SOSTA LIMITATA	STATIONNEMENT LIMITÉ
SOSTA VIETATA	STATIONNEMENT INTERDIT
SOSTA VIETATA A ROULOTTE	INTERDIT AUX CARAVANES
STRADA ACCIDENTATA	ROUTE DÉFONCÉE
STRADA A CURVE	ROUTE SINUEUSE
STRADA INNEVATA	ROUTE ENNEIGÉE
STRADA INONDATA	ROUTE INONDÉE
STRADA NAZIONALE	ROUTE NATIONALE
STRADA PROVINCIALE	ROUTE DÉPARTEMENTALE
STRADA SBARRATA	ROUTE BARRÉE
STRADA SCIVOLOSA	CHAUSSÉE GLISSANTE
STRADA STRETTA	ROUTE ÉTROITE
USCITA AUTO	SORTIE DE VÉHICULES
VALICO APERTO	COL OUVERT
VALICO CHIUSO	COL FERMÉ
VELOCITA LIMITATA	VITESSE LIMITÉE
VIA SENZA USCITA	VOIE SANS ISSUE

Douane

dogana
dogana

Je n'ai que des **affaires personnelles.**

Non ho che delle cose personali.
nonn o kė dėllė cosė pėrsonali.

Ce **bagage** n'est pas à moi.

Questo bagaglio non è mio.
couėsto bagalyo nonn ė mio.

Il y a seulement quelques **cadeaux.**

C'è solo qualche regalo.
tchė solo coualkė rėgalo.

Excusez-moi, je ne **comprends** pas.

Mi scusi, non capisco.
mi scousi, nonn capisco.

Je n'ai rien à **déclarer.**

Non ho niente da dichiarare.
nonn o niėnntė da dikiararė.

J'ai oublié les papiers de **dédouanement** de mon appareil.

Ho dimenticato i documenti di sdoganamento del mio apparecchio.
o dimėnnticato i docoumėnnti di sdoganamėnnto dėl mio apparėkio.

Pourriez-vous m'aider à remplir le **formulaire** ?

Può aiutarmi a riempire la mia scheda ?
pouo aioutarmi a riėmmpirė la mia skėda ?

Où logerez-vous ?

Dove alloggerà ?
dovė allodjėra ?

Ouvrez le coffre... la valise... le sac.

Apra il cofano... la valigia... la borsa.
apra il cofano... la validja... la borsa.

Voici les **papiers** de la voiture.

Ecco i documenti dell'auto.
ėcco i docoumėnnti dėll'aouto.

Puis-je **partir** ?

Posso partire ?
posso partirė ?

Vous devez **payer des droits** sur cela.

Deve pagare delle tasse per questo oggetto.
dėvė pagarė dėllė tassė pėr couėsto odjėtto.

Je **reste** jusqu'à...

Rimango fino a...
rimanngo fino a...

Je suis **touriste**.

Sono un turista.
sono oun tourista.

Je suis en **transit**, je vais à...

Sono di passaggio, vado a...
sono di passadjo, vado a...

Je **viens** de...

Vengo da...
vėnngo da...

Je **voyage pour affaires.**

Viaggio per affari.
viadjo pėr affari.

Vocabulaire		
Adresse	*l'indirizzo*	inndiritso
Alcool	*il liquore*	licouorė
Carte d'identité	*la carta d'identità*	carta d'idènntita
– grise	*il libretto di circolazione*	librètto di çirkolatsionė
Cartouche	*la stecca*	stècca
Certificat d'assurance	*il certificato d'assicurazione*	tchèrtificato d'assicouratsionė
– de vaccination	*– di vaccinazione*	– di vatchinatsionė
Cigarettes	*le sigarette*	sigarèttė
CONTRÔLE DES PASSEPORTS	*CONTROLLO PASSAPORTI*	conntrollo passaporti
Date de naissance	*la data di nascita*	data di nachita
Domicile	*il domicilio*	domitchilio
Douane	*la dogana*	dogana
Droits de douane	*le tasse* ou *il dazio*	tassė, dadzio
Lieu de naissance	*il luogo di nascita*	louogo di nachita
Marié	*sposato*	sposato
Nom de jeune fille	*il nome da ragazza*	nomė da ragatsa
Parfum	*il profumo*	profoumo
Passeport	*il passaporto*	passaporto
Permis de conduire	*la patente*	patènntė
Plaque d'immatriculation	*la targa*	targa
Profession	*la professione*	profèssionė
Retraité	*in pensione*	inn pènnsionė
Souvenirs	*i souvenirs*	souvènir
Tabac	*il tabacco*	tabakko
Vin	*il vino*	vino

Métro

metropolitana
mètropolitana

Où se trouve la station la plus proche ?

Dov'è la stazione più vicina ?
dov'é la statsionė piou vitchina ?

Je voudrais un **billet**... un carnet de billets.

Vorrei un biglietto... un blocchetto di biglietti.
vorrèï oun bilyètto... oun blokètto di bilyètti.

Y a-t-il un **changement** ?

Bisogna cambiare ?
bisonya cammbiaré ?

Quelle **direction** dois-je prendre pour aller à...

Che direzione devo prendere per andare a...
ké dirètsioné dèvo prènndèré pèr anndaré a...

À quelle **heure** ferme le métro ?

A che ora chiude il metro ?
a ké ora kioudé il mètro ?

Pouvez-vous me donner un **plan** du métro ?

Può darmi una pianta del metro ?
pouo darmi ouna piannta dèl mètro ?

La **porte**, s'il vous plaît.

La porta, per favore.
la porta, pèr favoré.

Cette **rame** va bien à... ?

Questo metro va a... ?
couèsto mètro va a... ?

Combien de **stations** avant... ?

Quante stazioni ci sono prima... ?
couannté statsioni tchi sono prima... ?

Vocabulaire		
ACCÈS AUX QUAIS	*ACCESSO AI BINARI*	atchèsso aï binari
Billet	*il biglietto*	bilyètto
Carnet de billets	*blocchetto di biglietti*	blokkètto di bilyètti
Contrôleur	*il controllore*	conntrolloré

CORRESPONDANCE	*COINCIDENZA*	coïnntchidènntsa
Descendre	*scendere*	chènndèrè
Direction	*la direzione*	dirètsionè
Distributeur	*il distributore*	distriboutorè
ENTRÉE	*ENTRATA*	ènntrata
Escalier	*la scala*	scala
ESCALIER MÉCANIQUE	*SCALA MOBILE*	scala mobilè
Fermeture	*la chiusura*	kiousoura
Ligne	*la linea*	linèa
Monter	*salire*	salirè
Ouverture	*l'apertura*	apèrtoura
Plan	*la pianta*	piannta
Porte	*la porta*	porta
Rame	*il convoglio*	connvolyo
RENSEIGNEMENTS	*INFORMAZIONI*	innformatsioni
Signal d'alarme	*il segnale d'allarme*	sènyalè d'allarmè
SORTIE	*USCITA*	ouchita
Station	*la stazione*	statsionè
Terminus	*il capolinea*	capolinèa
Voie	*il binario*	binario

Taxi

taxi
taxi

Pouvez-vous m'appeler un taxi ?

Può chiamarmi un taxi ?
pouo kiamarmi oun taxi ?

Où est la station de taxi la plus proche ?

Dov'é la stazione di taxi più vicina ?
dov'è la statsionè di taxi piou vitchina ?

Arrêtez-moi ici, s'il vous plaît.

Mi faccia scendere qui, per favore.
mi fatcha chènndèrè coui, pèr favorè.

Pouvez-vous m'**attendre** ?

Mi può aspettare ?
mi pouo aspèttarė ?

Combien prenez-vous pour aller à... ?

Quanto costa per andare a... ?
couannto costa pèr anndarė a... ?

Combien vous dois-je ?

Quanto le devo ?
couannto lė dèvo ?

Êtes-vous **libre** ?

È libero ?
è libèro ?

Je suis **pressé**.

Ho fretta.
o frètta.

Je suis en **retard**.

Sono in ritardo.
sono inn ritardo.

Je voudrais faire un **tour dans la ville**.

Vorrei fare un giro per la città.
vorrèï farė oun djiro pèr la tchitta.

Vocabulaire		
Bagage	*il bagaglio*	bagalyo
Compteur	*il taximetro*	taximètro
LIBRE	*LIBERO*	libèro
OCCUPÉ	*OCCUPATO*	occoupato
Pourboire	*la mancia*	manntcha
Prix	*il prezzo*	prètso
STATION	*STAZIONE*	statsionė
Supplément	*il supplemento*	soupplèmènnto
Tarif de nuit	*la tariffa notturna*	tariffa nottourna

Train

treno
trėno

S'il vous plaît, où se trouve la gare ?
Per favore, dove si trova la stazione ?
per favorė, dovė si trova la statsionė ?

À quelle heure **arrive** le train venant de... ?
A che ora arriva il treno che viene da... ?
a kė ora arriva il trėno kė viėnė da... ?

Je voudrais enregistrer les **bagages**
Vorrei registrare i bagagli.
vorrėï rėdjistrarė i bagaly.

Je voudrais un **billet** aller simple... aller retour... première classe... seconde classe.
Vorrei un biglietto di andata... di andata e ritorno... prima classe... seconda classe.
vorrėï oun bilyėtto di anndata... anndata ė ritorno... prima classė... sėconnda classė...

Dois-je **changer** de train ?
Devo cambiare treno ?
dėvo cammbiarė trėno ?

Où se trouve la **consigne** ?
Dov'è il deposito bagagli ?
dov'è il dėposito bagaly ?

Y a-t-il des **couchettes** ?
Ci sono delle cuccette ?
tchi sono dėllė coutchėttė ?

Combien **coûte** l'aller simple ?

Quanto costa l'andata ?
couannto costa l'anndata ?

Puis-je **fumer** ?

Posso fumare ?
posso foumaré ?

Cette place est-elle **libre ?**

È libero questo posto ?
è libèro couèsto posto ?

Quel est le **montant** du supplément ?

Quant'è il supplemento ?
couannt'è il soupplémènnto ?

À quelle heure **part** le train pour... ?

A che ora parte il treno per... ?
a ké ora parté il trèno pér... ?

Excusez-moi, cette **place** est réservée.

Mi scusi, questo posto è prenotato.
mi scousi, couèsto posto è prénotato.

Veuillez m'indiquer le **quai**... la voie.

Mi può indicare la banchina... il binario.
mi pouo inndicaré la bannkina... il binario.

Y a-t-il une **réduction** pour les enfants ?

C'è una riduzione per i bambini ?
tché ouna ridoutsioné pér i bammbini ?

Je désire **réserver** une place côté couloir... côté fenêtre.

Vorrei prenotare un posto dalla parte del corridoio... vicino alla finestra.
vorrèï prénotaré oun posto dalla parté dél corridoïo... vitchino alla finèstra.

Le train a du **retard.**

Il treno è in ritardo.
il trèno è inn ritardo.

Pouvez-vous me **réveiller**... me prévenir ?

Può svegliarmi... chiarmarmi ?
pouo svèlyarmi... kiamarmi ?

Où sont les **toilettes** ?

Dove sono le toilette ?
dovè sono lè toilèttè ?

Pouvez-vous m'aider à monter ma **valise** ?

Può aiutarmi a portar su la valigia ?
pouo aioutarmi a portar sou la validja ?

Y a-t-il un **wagon-restaurant**... un **wagon-lit** ?

C'è un vagone ristorante... un vagone letto ?
tché oun vagonè ristorannté... oun vagonè lètto ?

Vocabulaire		
Aller	*l'andata*	anndata
ARRIVÉE	*ARRIVO*	arrivo
Bagages	*i bagagli*	bagaly
Banlieue	*la periferia*	pèrifèria
Billet	*il biglietto*	bilyètto
– aller simple	*– di andata*	– di anndata
– aller et retour	*– di andata e ritorno*	– di anndata è ritorno
– première classe	*– di prima classe*	– di prima classè
– seconde classe	*– di seconda classe*	– di sèconnda classè
BUFFET	*BUFFET*	bouffè
Changement	*il cambiamento*	cammbiamènnto
Chariot à bagages	*carrello per i bagagli*	carrèllo pèr i bagaly
CHEF DE GARE	*CAPOSTAZIONE*	capostatsionè
Coin	*l'angolo*	anngolo

– couloir	*– vicino al corridoio*	– vitchino al corridoïo
– fenêtre	*– vicino alla finestra*	– vitchino alla finèstra
Compartiment	*lo scompartimento*	scommpartimènnto
CONSIGNE	*DEPOSITO BAGAGLI*	dèposito bagaly
CONTRÔLEUR	*CONTROLLORE*	conntrolloré
Correspondance	*coincidenza*	coïnntchidèntsa
Couchette	*la cuccetta*	coutchètta
Couloir	*il corridoio*	corridoïo
DÉPART	*LA PARTENZA*	partènntsa
ESCALIER MÉCANIQUE	*SCALA MOBILE*	scala mobilé
EXPÉDITION	*SPEDIZIONE*	spèditsioné
FUMEURS	*FUMATORI*	foumatori
Gare	*la stazione*	statsioné
GUICHET	*SPORTELLO*	sportèllo
Indicateur (horaires)	*l'orario*	orario
Kiosque à journaux	*l'edicola*	èdicola
NON FUMEURS	*NON FUMATORI*	non foumatori
Objets trouvés	*oggetti smarriti*	odjètti smarriti
PASSAGE SOUTERRAIN	*PASSAGGIO SOTTERRANEO*	passadjo sottèrranèo
Place assise	*il posto a sedere*	posto a sédèré
Porte	*la porta*	porta
PORTEUR	*FACCHINO*	fakkino
Portière	*la portiera*	portièra
QUAI	*BINARIO*	binario
RÉSERVATION	*PRENOTAZIONE*	prènotatsioné
Retard	*il ritardo*	ritardo
Retour	*il ritorno*	ritorno
Sac	*la borsa*	borsa
SALLE D'ATTENTE	*SALA D'ATTESA*	sala d'attèsa
SIGNAL D'ALARME	*FRENO D'EMERGENZA*	fréno d'émèrgèntza
SORTIE	*USCITA*	ouchita
Supplément	*il supplemento*	soupplémènnto
TOILETTES (W.C.)	*TOILETTE*	toilètté
Valise	*la valigia*	validja
Voie	*il binario*	binario

Wagon-lit	*il vagone letto*	vagonė lètto
Wagon-restaurant	*il vagone ristorante*	vagonė ristoranntė

Voiture • moto

vettura • moto
vèttoura • moto

Station-service

stazione di servizio
statsionė di sèrvitsio

Donnez-moi 10... 20 litres d'essence... d'ordinaire... de super... de gas-oil... de sans plomb.

Mi dia dieci... venti litri di benzina... di normale... di super... di gasolio... di benzina verde.
mi dia dièntchi... vènnti litri di bènndzina... di normalė... di soupėr... di gasolio... di bènndzinna vèrdė.

Faites le plein, s'il vous plaît.

Mi faccia il pieno, per favore.
mi fatcha il pièno, pèr favorė.

Il faudrait mettre de l'eau distillée dans la **batterie.**

Bisognerebbe mettere dell'acqua distillata nella batteria.
bisonyėrèbbė mèttėrė dèll'acoua distillata nèlla battèria.

Combien cela va-t-il **coûter** ?

Quanto costerà ?
couannto costèra ?

Puis-je **laisser la voiture** ?

Posso lasciare la macchina ?
posso lacharé la makkina ?

Combien coûte le **lavage** ?

Quanto costa il lavaggio ?
couannto costa il lavadjo ?

Pouvez-vous **nettoyer** le pare-brise ?

Può lavare il parabrezza ?
pouo lavaré il parabrèdza ?

Quand sera-t-elle **prête** ?

Quando sarà pronta ?
couanndo sara pronnta ?

Pouvez-vous **régler** les phares... les codes.

Può regolare i fari... gli anabbaglianti.
pouo régolaré i fari... ly anabbalyannti.

Pouvez-vous **réparer** le pneu ?

Può riparare la ruota ?
pouo riparaŕe la rouota ?

Pouvez-vous **vérifier** l'eau... l'huile... les freins... la pression des pneus ?

Può verificare l'acqua... l'olio... i freni... la pressione delle ruote ?
pouo vérificaré l'acoua... l'olio... i fréni... la préssioné déllé rouoté ?

Pouvez-vous faire une **vidange** et un graissage ?

Può cambiare l'olio e lubrificare ?
pouo cammbiaré l'olio é loubrificaré ?

Vocabulaire		
Accélérateur	*l'accelleratore*	atchèlleratorè
Accélérer	*accellerare*	atchèllerarè
Aile	*il parafango*	parafanngo
Allumage	*l'accensione*	atchènnsionè
Allumer	*accendere*	atchènndèrè
Ampoule	*la lampadina*	lammpadina
Antigel	*l'antigelo*	anntidjèlo
Antivol	*l'antifurto*	anntifourto
Arrière	*dietro*	diètro
Avant	*davanti*	davannti
Avertisseur	*il clacson*	clacsonn
Axe	*il perno*	pèrno
Bas	*basso*	basso
Batterie	*la batteria*	battèria
Bloqué	*bloccato*	bloccato
Boîte de vitesses	*il cambio*	cammbio
Bouchon	*il tappo*	tappo
Bougie	*la candela*	canndèla
Boulon	*il bullone*	boullonè
Bruit	*il rumore*	roumorè
Câble	*il cavo*	cavo
Capot	*il cofano*	cofano
Carburateur	*il carburatore*	carbouratorè
Carrosserie	*la carrozzeria*	carrodzèria
Carter	*il carter*	cartèr
Cassé	*rotto*	rotto
Ceinture de sécurité	*la cintura di sicurezza*	tchinntoura di sicourètsa
Chambre à air	*la camera d'aria*	camèra d'aria
Changement de vitesse	*il cambiamento di velocità*	cammbiamènnto di vèlotchita
Changer	*cambiare*	cammbiarè
Châssis	*il telaio*	tèlaïo
Chauffage	*il riscaldamento*	riscaldamènnto
Circuit électrique	*il circuito elettrico*	tchircouito èlèttrico
Clef	*la chiave*	kiavè
– de contact	*di accensione*	atchènsione
Clignotant	*il lampeggiatore*	lammpèdjatorè
Code	*codice ou fari anabbaglianti*	coditchè *ou* fari anabbaliannti

Coffre	*il bagagliaio*	bagalyaïo
Compte-tours	*il contagiri*	conntadjiri
Compteur de vitesse	*il tachimetro*	takimètro
Condensateur	*il condensatore*	conndènnsatorè
Contact	*il contatto*	conntatto
Contravention	*la contravvenzione*	conntravènntsionè
Couler une bielle	*fondere una bronzina*	fonndèrè ouna bronndzina
Courroie de ventilateur	*la cinghia del ventilatore*	tchinnguia dèl venntilatorè
Court-circuit	*il cortocircuito*	cortotchircouito
Crevaison	*la foratura*	foratoura
Crevé	*bucato*	boucato
Crever	*bucare*	boucarè
Cric	*il cric*	cric
Culasse	*la testata*	tèstata
Débrayer	*disinnestare*	disinnèstarè
Déformé	*sformato*	sformato
Dégivrer	*sbrinare*	sbrinarè
Démarrer	*mettere in moto ou avviare*	mèttèrè inn moto *ou* avviarè
Démarreur	*il motorino d'avviamento*	motorino d'avviamènnto
Desserré	*allentato*	allenntato
Dévisser	*svitare*	svitarè
Direction	*la direzione*	dirètsionè
Dynamo	*la dinamo*	dinamo
Éclairage	*la luce*	loutchè
Écrou	*il dado*	dado
Embrayage	*la frizione*	fritsionè
Embrayer	*premere la frizione*	prèmèrè la fritsionè
Essence	*la benzina*	bènndzina
Essieu	*l'assale*	assalè
Essuie-glace	*il tergicristallo*	tèrdjicristallo
Fermé	*chiuso*	kiouso
Feux arrière	*fanali posteriori*	fanali postèriori
– de détresse	*– fari di sicurezza*	– fari di sicourètsa
– de position	*– fanali di posizione*	– fanali di positsionè
Filtre	*il filtro*	filtro
– à air	*– dell'aria*	– dèll'aria

– à essence	*– della benzina*	– dèlla bènndzina
– à huile	*– dell'olio*	– dèll'olio
Frein	*il freno*	fréno
– à disque	*– a disco*	– a disco
– à main	*– a mano*	– a mano
Garniture de frein	*la guarnizione*	gouarnitsioné
Graisse	*il lubrificante*	loubrificannté
Jante	*il cerchione*	tchèrkioné
Klaxonner	*suonare il clacson*	souonaré il klacsonn
Lavage	*il lavaggio*	lavadjo
Lave-glace	*il lavacristallo*	lavacristallo
Lent	*lento*	lènnto
Lubrifiant	*il lubrificante*	loubrificannté
Mécanicien	*il meccanico*	mèccanico
Moteur	*il motore*	motoré
MOTO	*MOTO*	moto
béquille	*il cavalletto di sostegno*	cavallètto di sosténуo
cardan	*il cardano*	cardano
chaîne	*la catena*	caténa
fourche avant	*la forcella anteriore*	fortchèlla antérioré
– arrière	*– posteriore*	– postérioré
garde-boue	*il parafango*	parafanngo
guidon	*il manubrio*	manoubrio
poignée	*la manopola*	manopola
– des gaz	*– del gas*	– del gas
rayon	*il raggio*	radjo
repose-pieds	*il poggiapiedi*	podjapièdi
selle	*il sellino*	sèllino
Nettoyer	*pulire*	pouliré
Ouvert	*aperto*	apèrto
Pare-brise	*il parabrezza*	parabrédza
Pare-chocs	*il paraurti*	paraourti
Pédale	*il pedale*	pédalé
Phare	*faro*	faro
– anti-brouillard	*il fanale anti nebbia*	fanalé annti nèbbia
– de recul	*– retromarcia*	– rètromartcha
Pièce de rechange	*il pezzo di ricambio*	pètso di ricammbio
Pince	*le pinze*	pinntsé
Plaque d'immatriculation	*la targa*	targa
Pneu	*il pneumatico*	pnéoumatico
Pompe	*la pompa*	pommpa

– à essence	*– della benzina*	– dèlla bènndzina
– à huile	*– dell'olio*	– dèll'olio
– à injection	*– a iniezione*	– a inniètsionè
Pot d'échappement	*il tubo di scappamento*	toubo di scappamènnto
Pousser	*spingere*	spinndjèrè
Pression	*la pressione*	prèssionè
Radiateur	*il radiatore*	radiatorè
Ralenti	*minimo*	minimo
Ralentir	*rallentare*	ralènntarè
Recharger	*ricaricare*	ricaricarè
Reculer	*indietreggiare*	indiètrèdjarè
Refroidissement	*il raffreddamento*	raffrèddamènnto
Régler	*regolare*	règolarè
Remorquer	*rimorchiare*	rimorkiarè
Remplacer	*rimpiazzare*	rimmpiadzarè
Réparation	*la riparazione*	riparatsionè
Réservoir	*il serbatoio*	sèrbatoïo
Rétroviseur	*il retrovisore*	rètrovisorè
Roue	*la ruota*	rouota
– de secours	*– di scorta*	– di scorta
Serrer	*stringere*	strinngèrè
Serrure	*la serratura*	sèrratoura
Siège	*il sedile*	sèdilè
Soupape	*la valvola*	valvola
Suspension	*lo sospensione*	sospènnsionè
Système électronique	*il sistema elettronico*	sistèma èlètroniko
Tambour de frein	*il tamburo del freno*	tammbouro dèl frèno
Thermostat	*il termostato*	tèrmostato
Tirer	*tirare*	tirarè
Tournevis	*il cacciavite*	catchavitè
Transmission	*la trasmissione*	trasmissionè
Triangle de signalisation	*il triangolo di segnalazione*	trianngolo di sènyalatsionè
Usé	*consunto*	connsounnto
Ventilateur	*il ventilatore*	vènntilatorè
Vibrer	*vibrare*	vibrarè
Vis	*la vite*	vitè
Vite	*rapidamente*	rapidamènntè
Vitesse	*la velocità*	vèlotchita
Volant	*il volante*	volanntè

Logement • restauration

Camping

camping
cammping

Où y a-t-il un terrain de camping ?

Dov'è un terreno per campeggio ?
dov'è oun terrèno pèr cammpèdjo ?

Comment y parvenir ?

Comé ci si arriva ?
comė tchi si arriva ?

Pouvez-vous me montrer le chemin sur la carte ?

Può mostrarmi il percorso sulla carta ?
pouo mostrarmi il pèrcorso soulla carta ?

Où puis-je **acheter** une bouteille de gaz... une torche électrique ?

Dove posso comprare una bombola di gas... una torcia elettrica ?
dovė posso commprarė ouna bommbola di gas... ouna tortcha èlèttrica ?

Où puis-je **dresser** la tente ?

Dove posso montare la tenda ?
dovė posso monntarė la tènnda ?

Où puis-je trouver de l'**eau potable** ?

Dove posso trovare dell'acqua potabile ?
dovė posso trovarė dèll'acoua potabilė ?

Où puis-je **garer la caravane** ?

Dove posso parcheggiare la roulotte ?
dovė posso parkėdjarė la roulottė ?

Y a-t-il un **magasin d'alimentation** ?

C'è un negozio di alimentari ?
tchė oun nėgotsio di aliménntari ?

Avez-vous de la **place** ?

Avete posto ?
avėtė posto ?

Quel est le **prix** par jour et par personne... pour la voiture... la caravane... la tente ?

Quanto costa al giorno, per persona... per l'auto... per la roulotte... per la tenda ?
couannto costa al djorno, pėr pėrsona... pėr l'aouto... pėr la roulottė... pėr la tėnnda ?

Comment se fait le **raccord au réseau électrique** ?

Come si fa l'allacciamento alla rete elettrica ?
come si fa l'allatchamėnnto alla rėtė ėlėttrica ?

Nous désirons **rester**... jours... semaines.

Vorremmo restare... giorni... settimane.
vorrėmmo rėstarė... djorni... sėttimanė.

Le camping est-il **surveillé** la nuit ?

Il camping è sorvegliato di notte ?
il cammping ė sorvėlyato di nottė ?

Où sont les **toilettes**... les douches... les poubelles... ?

Dove sono le toilette... le docce... i bidoni delle immondizie ?
dovè sono lé toiletté... lé dotché... i bidoni dèllé immonnditsié ?

Quel est le **voltage** ?

Qual'è il voltaggio ?
coual'è il voltadjo ?

Vocabulaire		
Alcool à brûler	*alcole*	alcolé
Allumette	*il fiammifero*	fiammifèro
Ampoule	*la lampadina*	lammpadina
Assiette	*il piatto*	piatto
Bidon	*il bidone*	bidoné
Bougie	*la candela*	canndèla
Bouteille de gaz	*la bombola del gas*	bommbola dèl gas
Branchement	*l'allacciamento*	allatchamènnto
Briquet	*l'accendino*	atchènndino
Buanderie	*la lavanderia*	lavanndèria
CAMPING INTERDIT	*DIVIETO DI CAMPEGGIO*	divièto di cammpèdjo
Caravane	*la roulotte*	roulotté
Casserole	*la pentola*	pènntola
Catégorie	*la categoria*	catègoria
Chaise	*la sedia*	sèdia
Chaise longue	*la sedia a sdraio*	sèdia a sdraïo
Chauffage	*il riscaldamento*	riscaldamènnto
Corde	*la corda*	corda
Couteau	*il coltello*	coltèllo
Couverts	*le posate*	posaté
Couverture	*la coperta*	copèrta
Cuiller	*il cucchiaio*	coukiaïo
Décapsuleur	*l'apri-bottiglie*	apri-bottilyé
Douche	*la doccia*	dotcha
Draps	*le lenzuola*	lènntsouola
Eau chaude	*l'acqua calda*	acoua calda
– froide	*– fredda*	– frèdda

– potable	*– potabile*	– potabilė
Emplacement	*l'area*	arėa
Enregistrement	*la registrazione*	rėdjistratsionė
Fourchette	*la forchetta*	forkėtta
Gardien	*il guardiano*	gouardiano
Gobelet	*il bicchiere*	bikkièrė
Gourde	*la borraccia*	borratcha
Lampe de poche	*la pila tascabile*	pila tascabilė
Lampe-tempête	*la lampada a petrolio*	lammpada a pėtrolio
Linge	*la biancheria*	biannkėria
Lit de camp	*la branda*	brannda
Louer	*affittare*	affittarė
Machine à laver	*la lavatrice*	lavatritchė
Marteau	*il martello*	martėllo
Mât de tente	*il pennone da tenda*	pėnnone da tėnnda
Matelas	*il materasso*	matėrasso
– pneumatique	*– gonfiabile*	– gonnfiabilė
Matériel de camping	*il materiale da camping*	matėrialė da cammping
Moustiquaire	*la zanzariera*	dzandzarièra
Ouvre-boîtes	*l'apriscatole*	apriscatolė
Papier hygiénique	*la carta igienica*	carta idjėnica
Pinces	*le pinze*	pinntsė
– à linge	*le mollette per la biancheria*	mollėttė pėr la biannkėria
Piquet de tente	*il paletto da tenda*	palėtto da tėnnda
Piscine	*la piscina*	pichina
Poubelle	*le immondizie*	immonnditsiė
Prise de courant	*la presa di corrente*	prėsa di corrėnntė
Réchaud	*il fornello*	fornėllo
Réfrigérateur	*il frigorifero*	frigorifėro
Remorque	*il rimorchio*	rimorkio
Robinet	*il rubinetto*	roubinėtto
Sac à dos	*lo zaino*	dzaïno
– de couchage	*il sacco a pelo*	sacco a pėlo
Seau	*il secchio*	sėkio
Table	*la tavola*	tavola
Tapis de sol	*il tappeto*	tappėto
Tasse	*la tazza*	tadza
Tendeur	*il cavo*	cavo

Tente	***la tenda***	tènnda
Terrain	***il terreno***	tèrrèno
– de jeu	***– giochi***	– djoki
Toilettes	***le toilette***	tollètté
Tournevis	***il cacciavite***	catchavitė
Trousse de secours	***la borsa di soccorso***	borsa di soccorso
Vaisselle	***le stoviglie***	stovilyė

Hôtel

albergo
albèrgo

Où y a-t-il un bon hôtel... un hôtel bon marché ?

Dove posso trovare un buon albergo... un albergo che non sia caro ?
dovė posso trovarė oun bouonn albèrgo... oun albèrgo kė nonn sia caro ?

Je suis monsieur... madame... mademoiselle... **j'ai réservé** pour une, deux nuits, une chambre (ou deux chambres) (un lit ou deux lits) avec douche... avec bain... avec télévision.

Sono il signor... la signora... la signorina... ho prenotato per una notte, due notti, una camera (o due camere) (un letto o due letti), con doccia... con bagno... con tivù.
sono il sinyor... la sinyora... la sinyorina... o prènotato pèr ouna nottė, douė notti, ouna camera (o douė camèrė) (oun lètto o douė lètti), conn dotcha... conn banyo... conn tivou.

S'il vous plaît, voulez-vous me **remettre votre passeport**... vos papiers d'identité ?

Per favore, mi dia il passaporto... i documenti ?
pèr favorė, mi dia il passaporto... i docoumènnti ?

Acceptez-vous les **animaux** ?

Accettate gli animali ?
atchèttatė ly animali ?

Pouvez-vous **appeler** pour moi un autre hôtel ?

Può chiamare per me un altro albergo ?
pouo kiamarė pèr mė oun altro albèrgo ?

J'**attends** quelqu'un. Je suis dans le salon... au bar.

Aspetto qualcuno. Sono nel salone... al bar.
aspètto coualcouno. Sono nèl salonė... al bar.

Pouvez-vous monter les **bagages** ?

Può portare i bagagli ?
pouo portarė i bagaly ?

Où se trouve le **bar** ?

Dov'è il bar ?
dov'è il bar ?

Je voudrais une chambre **calme**... moins chère.

Vorrei una camera calma... meno cara.
vorrèï ouna camèra calma... mèno cara.

Avec vue sur la mer... sur la montagne... sur la rue.

Con vista sul mare... sulla montagna... sulla strada.
conn vista soul marė... soulla monntanya... soulla strada.

Acceptez-vous les eurochèques... les **cartes de crédit** ?

Accetta gli eurochèques... le carte di credito ?
atchètta ly eurochèqué... lé carté di crédito ?

Avez-vous des **cartes postales** ? Des timbres ?

Ha delle cartoline... dei francobolli ?
a dèllé cartoliné... dèi francobolli ?

Peut-on voir la **chambre**, s'il vous plaît ?

Posso vedere la camera, per favore ?
posso védéré la caméra, pèr favoré ?

Pouvez-vous me donner la **clef**, s'il vous plaît ?

Può darmi la chiave, per favore ?
pouo darmi la kiavé, pèr favoré ?

J'ai laissé la **clef** à l'intérieur.

Ho lasciato la chiave all'interno.
o lachato la kiavé all'inntèrno.

Avez-vous un **coffre** ?

Ha una cassaforte ?
a ouna cassaforté ?

Nous sommes **complets**.

Siamo completi.
siamo commpléti.

Pourriez-vous faire **descendre** mes bagages ?

Può farmi scendere i bagagli ?
pouo farmi chènndéré i bagaly ?

L'**électricité** (la prise de courant) ne fonctionne pas.

L'elettricita (la presa di corrente) non funziona.
l'éléttritchita (la présa di corrènnté) nonn founndziona.

Voulez-vous m'envoyer la **femme de chambre** ?

> **Vuol mandarmi la cameriera ?**
> vouol manndarmi la camériėra ?

La **fenêtre** (la porte, le verrou) **ferme mal.**

> **La finestra (la porta, il chiavistello) chiude male.**
> la finėstra (la porta, il kiavistėllo) kioudė malė.

Le **lavabo**... les toilettes... le bidet... est (sont) bouché(s)

> **Il lavabo... il gabinetto... il bidé... é otturato (sono otturati).**
> il lavabo... il gabinėtto... il bidė... é ottourato (sono ottourati).

J'ai du linge à faire **laver**... nettoyer... repasser.

> **Ho della biancheria da far lavare... pulire... stirare.**
> o dėlla biannkėria da far lavarė... poulirė... stirarė.

Ce n'est pas mon **linge**.

> **Non è la mia biancheria.**
> nonn ė la mia biannkėria.

Y a-t-il un **message** pour moi ?

> **C'è un messaggio per me ?**
> tchė oun mėssadjo pėr mė ?

Pourriez-vous m'expliquer le détail de cette **note** ?

> **Può spiegarmi questo conto più dettagliatamente ?**
> pouo spiėgarmi couėsto connto piou dėttalyatamėnntė ?

Je ne peux pas **ouvrir** la porte de ma chambre.

> **Non posso aprire la porta della mia camera.**
> nonn posso aprirė la porta dėlla mia camėra.

Avez-vous un **parking** ou un garage ?

Avete un parcheggio o un garage ?
avèté oun parkèdjo o oun garage ?

Non, il y a un parcmètre.

No, c'è un parchimetro.
no, tché oun parkimètro.

Je pense **partir** demain. **Préparez ma note,** s'il vous plaît.

Penso di partire domani. Mi può preparare il conto, per favore ?
pènnso di partiré domani. Mi pouo préparaгé il connto pèr favoré ?

Le **petit déjeuner** est-il inclus ? Servi dans la chambre ? Avec ou sans supplément ?

La colazione è inclusa ? Servita in camera ? Con o senza supplemento ?
la colatsioné é innclousa ? sèrvita inn camèra ? conn o sènndza soupplémènnto ?

Petit déjeuner continental ou américain ?

Colazione continentale o all'americana ?
colatsioné conntinènntalé o all'américana ?

Je suis **pressé**... en retard.

Ho fretta... sono in ritardo.
o frètta... sono inn ritardo.

Je vous **remercie** de votre excellent service.

La ringrazio del suo eccellente servizio.
la rinngratsio dèl souo ètchèllènnté sèrvidzio.

S'il vous plaît, pouvez-vous me **remettre mon passeport**... mes papiers d'identité ?

Per favore, mi può restituire il passaporto... i documenti ?
pèr favorè, mi pouo restituire il passaporto... i documènnti ?

Je **rentre** (je reviens) à... heures.

Rientro (ritorno) alle...
riènntro (ritorno) allè...

Avez-vous un bureau de **réservation** pour les spectacles... les visites touristiques ?

Avete un ufficio per prenotare gli spettacoli... le visite turistiche ?
avètè oun ouffitcho pèr prènotarè ly spèttacoli... lè visitè touristikè ?

Y a-t-il un **restaurant** à l'hôtel ?

C'è un ristorante nell'albergo ?
tché oun ristoranntè nèll'albèrgo ?

Oui, Monsieur, au premier étage.

Si, Signore, al primo piano.
si, sinyorè, all primo piano.

Combien de temps **restez**-vous ?

Quanto tempo resta ?
couannto tèmmpo rèsta ?

Je pense **rester**... jours... semaines... jusqu'au...

Penso di rimanere... giorni... settimane... fino a...
pènnso di rimanèrè... djorni... sèttimanè... fino a...

Voudriez-vous me **réveiller** à... heures ?

Può farmi svegliare alle...
pouo farmi svélyaré allé...

Je voudrais une **serviette** de bain... une couverture... du fil à coudre et une aiguille... du savon... du papier à lettres... une enveloppe.

Vorrei un asciugamano... una coperta... un ago e del filo... del sapone... della carta da lettere... una busta.
vorrèï oun achougamano... ouna copèrta... oun ago é dèl filo... dèl saponè... dèlla carta da lèttèrè... ouna bousta...

Le **stationnement** est-il permis dans cette rue ?

Il parcheggio è permesso in questa strada ?
il parkèdjo è pèrmèsso inn couèsta strada ?

Je voudrais **téléphoner** en France... en ville.

Vorrei telefonare in Francia... in città.
vorrèï tèléfonaré inn Franntcha... inn tchitta.

Vous appelez de votre chambre le numéro...

Dalla sua camera lei sta chiamando il numero...
dalla soua camèra lei sta kiamanndo il nouméro...

Combien de **temps** faut-il pour aller à la gare... à l'aéroport ?

Quanto tempo ci vuole per la stazione... per l'aeroporto ?
couannto tèmmpo tchi vouolé pér la statsioné... pér l'aéroporto ?

Nos **voisins** sont bruyants.

> **I nostri vicini sono rumorosi.**
> i nostri vitchini sono roumorosi.

Quel est le **voltage** ?

> **Qual'è il voltaggio ?**
> coualė il voltadjo ?

Vocabulaire		
Accueil	*l'accoglienza*	accolyėnndza
Air conditionné	*l'aria condizionata*	aria conndidzionata
Ampoule	*la lampadina*	lammpadina
Arrivée	*l'arrivo*	arrivo
Ascenseur	*l'ascensore*	achėnnsorė
Bagages	*i bagagli*	bagaly
Baignoire	*la vasca da bagno*	vasca da banyo
Balcon	*il balcone*	balconė
Bidet	*il bidè*	bidė
Caisse	*la cassa*	cassa
Cendrier	*il portacenere*	portatchėnėrė
Chaise	*la sedia*	sėdia
Chambre	*la camera*	camėra
Chasse d'eau	*lo sciacquone*	chacouonė
Chaud	*caldo*	caldo
Chauffage	*il riscaldamento*	riscaldamėnnto
Chèque de voyage	*l'assegno di viaggio*	assėnyo di viadjo
Cintre	*l'attaccapanni*	attaccapanni
Clef	*la chiave*	kiavė
COMPLET	*COMPLETO*	commplėto
CONCIERGE	*SEGRETARIO ALLA RECEPTION*	sėgrėtario alla rėcėption
Courant	*la corrente*	corrėnntė
Couverture	*la coperta*	copėrta
Demi-pension	*la mezza pensione*	mėdza pėnnsionė
Départ	*la partenza*	partėnntsa
Direction	*la direzione*	dirėtsionė
Douche	*la doccia*	dotcha
Draps	*le lenzuola*	lėnntsouola
Eau chaude	*l'acqua calda*	acoua calda
– froide	*– fredda*	– frėdda

Écoulement	*lo scolo*	scolo
Escalier	*la scala*	scala
Étage	*il piano*	piano
Femme de chambre	*la cameriera*	camérièra
FERMÉ	*CHIUSO*	kiouso
Froid	*freddo*	frèddo
Fuite	*la perdita*	pèrdita
Interrupteur	*l'interruttore*	intèrrouttoré
Lit	*il letto*	lètto
Lumière	*la luce*	loutché
Manger	*mangiare*	manndjaré
Matelas	*il materasso*	matèrasso
Miroir	*lo specchio*	spèkio
Nettoyer	*pulire*	pouliré
Note	*il conto*	connto
OUVERT	*APERTO*	apèrto
Papiers d'identité	*la carta d'identità*	carta d'idènntita
Passeport	*il passaporto*	passaporto
Pension complète	*la pensione completa*	pènnsioné commpléta
Porteur	*il facchino*	fakkino
Portier	*il portiere*	portièré
Rasoir électrique	*il rasoio elettrico*	rasoïo èlèttrico
– mécanique	*il rasoio*	rasoïo
RÉCEPTION	*RECEPTION*	rècèption
Réfrigérateur	*il frigorifero*	frigorifèro
Rez-de-chaussée	*piano terra*	piano tèrra
Robinet	*il rubinetto*	roubinètto
SALLE À MANGER	*SALA DA PRANZO*	sala da pranndzo
Salle de bains	*il bagno*	banyo
Savon	*il sapone*	saponé
SERVICE	*SERVIZIO*	sèrvitsio
Serviette de bain	*l'asciugamano*	achougamano
Table de nuit	*il comodino*	comodino
Terrasse	*la terrazza*	terradza
TOILETTES	*GABINETTO*	gabinètto
Verrou	*il catenaccio*	catènatcho
Voltage	*il voltaggio*	voltadjo

Petit déjeuner

colazione
colatsionė

Assiette	*il piatto*	piatto
Beurre	*il burro*	bourro
Boire	*bere*	bėrė
Bol	*la scodella*	scodėlla
Café	*il caffé*	caffė
– au lait	*il caffellatte*	caffėllattė
Chaud	*caldo*	caldo
Chocolat	*il cioccolato*	tchoccolato
– (boisson)	*la cioccolata*	tchoccolata
Citron	*il limone*	limonė
Confiture	*la marmellata*	marmėllata
Couteau	*il coltello*	coltėllo
Cuiller	*il cucchiaio*	coukkiaïo
– (petite)	*il cucchiaino*	coukkiaïno
Eau	*l'acqua*	acoua
Fourchette	*la forchetta*	forkėtta
Froid	*freddo*	frėddo
Fromage	*il formaggio*	formadjo
Fruit	*la frutta*	froutta
Jambon	*il prosciutto*	prochoutto
Jus de citron	*il succo di limone*	soucco di limonė
– d'orange	*– d'arancia*	– d'aranntcha
– de pamplemousse	*– di pompelmo*	– di pommpėlmo
– de pomme	*– di mela*	– di mėla
Manger	*mangiare*	manndjarė
Miel	*il miele*	mièlė
Œufs brouillés	*le uova strapazzate*	ouova strapatsatė
– à la coque	*– alla coque*	– alla coquė
– sur le plat	*– al tegamino*	– all tėgamino
Omelette	*la frittata*	frittata
Pain	*il pane*	panė
Poivre	*il pepe*	pėpė
Saucisses	*le salsicce*	salsitchė
Sel	*il sale*	salė
Soucoupe	*il piattino*	piattino
Sucre	*lo zucchero*	dzoukėro

Table	*la tavola*	tavola
Tasse	*la tazza*	tatsa
Thé	*té*	tė
Toasts	*i toast*	toast
Verre	*il bicchiere*	bikkiėrė
Yoghourt	*lo yogurt*	yogourt

Animaux de compagnie

animali domestici
animali domėstitchi

Acceptez-vous les **animaux**... les chats... les chiens ?

Accettate gli animali... i gatti... i cani ?
atchėttatė ly animali... i gatti... i cani ?

Mon chien n'est pas **méchant**.

Il mio cane non è cattivo.
il mio canė nonn ė cattivo.

Faut-il payer un **supplément** ?

Devo pagare un supplemento ?
dėvo pagarė oun soupplėmennto ?

Où puis-je trouver un **vétérinaire** ?

Dove posso trovare un veterinario ?
dovė posso trovarė oun vėtėrinario ?

Vocabulaire		
Aboyer	*abbaiare*	abbaïarė
Certificat	*il certificato*	tchėrtificato
Chat	*il gatto*	gatto
Chien	*il cane*	canė
Chienne	*la cagna*	canya
Collier	*il collare*	collarė
Croc	*la zanna*	dzanna
Docile	*docile*	dotchilė
Enragé	*arrabbiato*	arrabbiato

Gueule	*le fauci*	faoutchi
Laisse	*il guinzaglio*	gouinntsalyo
Malade	*malato*	malato
Miauler	*miagolare*	miagolarė
Muselière	*la musoliera*	mousolièra
Obéissant	*obbediente*	obbèdiènntė
Pattes	*le zampe*	dzammpė
Propre	*pulito*	poulito
Queue	*la coda*	coda
Vaccin	*il vaccino*	vatchino

Restauration • café

ristorazione • caffè
ristoratsionė • cafė

Pouvez-vous m'indiquer un bon restaurant… un restaurant typique ?

Può indicarmi un buon ristorante… un ristorante tipico ?
pouo inndicarmi oun bouonn ristoranntė…
oun ristoranntė tipico ?

Un restaurant bon marché… à prix raisonnables ?

Un ristorante a buon mercato… con dei prezzi ragionevoli ?
oun ristoranntė a bouonn mèrcato… conn dėi prėdzi radjonėvoli ?

Vocabulaire		
FERMÉ	OUVERT	COMPLET
CHIUSO	*APERTO*	*COMPLETO*
kiouso	apèrto	commplèto

Apportez-moi la carte, s'il vous plaît.

Mi porti il menù, per favore.
mi porti il mėnou, pèr favorė.

Avez-vous une table libre... dehors... sur la terrasse... près de la fenêtre.

Ha una tavola libera... fuori... sulla terrazza... vicino alla finestra.
a ouna tavola libèra... soulla tèrratsa... vitchino alla finèstra.

Non, Monsieur, tout est réservé.

No, Signore, è tutto prenotato.
no, sinyorè, è toutto prènotato.

S'il vous plaît, je voudrais une **boisson**... chaude... fraîche... une bière... un verre de... un jus de fruits.

Per favore, vorrei una bibita... calda... fresca... una birra... un bicchiere da... un succo di frutta.
pèr favorè, vorrèï ouna bibita... calda... frèsca... ouna birra... oun bikkièrè da... oun soucco di froutta.

Que me conseillez-vous sur la **carte** ?

Cosa mi consiglia in questo menù ?
cosa mi connsilya inn couèsto mènou ?

Je n'ai pas **commandé** cela.

Non è ciò che ho ordinato.
nonn è tcho kè o ordinato.

C'est trop **cuit**... ce n'est pas assez cuit.

È troppo cotto... non è abbastanza cotto.
è troppo cotto... nonn è abbastanndza cotto.

Pouvons-nous **déjeuner**... **dîner**.

Possiamo pranzare... cenare ?
possiamo pranntsarè... tchènarè ?

Pouvez-vous attendre un moment ?

Può aspettare un attimo ?
pouo aspèttarè oun attimo ?

Je ne désire pas d'**entrée.**

Non desidero un antipasto.
nonn dèsidèro oun anntipasto.

Il y a une **erreur**.

C'è un errore.
tchè oun èrrorè.

Est-ce **fromage** ou **dessert**, ou les deux ?

Formaggio o dolce, o tutti e due ?
formadjo o doltchè, o toutti è douè ?

Servez-vous un **menu** à prix fixe ?

Avete un menù turistico ?
avètè oun mènou touristico ?

Pouvez-vous **réchauffer** ce plat, il est froid.

Può riscaldare questo piatto ?
È freddo.
pouo riscaldarè couèsto piatto ?
è frèddo.

J'ai **réservé** une table pour deux personnes.

Ho prenotato un tavolo per due persone.
o prènotato oun tavolo pèr douè pèrsonè.

Je voudrais **réserver** une table pour quatre personnes.

Vorrei prenotare un tavolo per quattro persone.
vorrèï prènotarè oun tavolo pèr couattro pèrsonè.

Le **service** est-il compris ?

Il servizio è compreso ?
il sèrvitsio è commprèso ?

L'addition **s'il vous plaît.**

Il conto per favore.
il connto pèr favorè.

Où sont les **toilettes**, s'il vous plaît ?

Dove sono le toilette, per favore ?
dovė sono lė toilėttė, pėr favorė ?

Ce **vin** sent le bouchon.

Questo vino sa di tappo.
couėsto vino sa di tappo.

VOCABULAIRE		
Addition	*il conto*	connto
Agneau	*l'agnello*	anyėllo
Ail (avec)	*con l'aglio*	conn l'alyo
– (sans)	*senza l'aglio*	sėnntsa l'alyo
Anchois	*le acciughe*	atchouguė
Apéritif	*l'aperitivo*	apėritivo
Assaisonner	*condire*	conndirė
Assiette	*il piatto*	piatto
Aubergines	*le melanzane*	mėlanntsanė
Beurre	*il burro*	bourro
Bière blonde	*la birra bionda*	birra bionnda
– bouteille	*la bottiglia di birra*	bottilya di birra
– brune	*la birra bruna*	birra brouna
– pression	*la birra alla spina*	birra alla spina
Bleu	*blu*	blou
Bœuf	*il manzo*	manndzo
Boisson	*la bibita*	bibita
Bouchon	*il tappo*	tappo
Bouilli	*bollito*	bollito
Bouteille	*la bottiglia*	bottilya
Braisé	*brasato*	brasato
Brûlé	*bruciato*	broutchato
Café	*il caffé*	caffė
– fort	*– forte*	– fortė
– léger	*– leggero*	– lėdjėro
– au lait	*il caffellatte*	caffėllattė
Caille	*la quaglia*	coualya
Canard	*l'anatra*	anatra
Carafe	*la caraffa*	caraffa
Carottes	*le carote*	carotė

Cendrier	*il portacenere*	portatchènèrė
Champignons	*i funghi*	founngui
Charcuterie	*gli affettati*	affèttati
Chaud	*caldo*	caldo
Chocolat	*il cioccolato*	tchoccolato
Chou	*il cavolo*	cavolo
Citron	*il limone*	limonė
Courgettes	*i zucchini*	dzoucchini
Couteau	*il coltello*	coltèllo
Couverts	*le posate*	posatė
Crème	*la panna*	panna
Cuiller à soupe	*il cucchiaio*	coukkiaïo
– (petite)	*il cucchiaino*	coukkiaïno
Cuit	*cotto*	cotto
– (bien)	*ben cotto*	bènn cotto
– (peu)	*poco cotto*	poco cotto
– au four	*cotto al forno*	cotto all forno
– à la vapeur	*– al vapore*	– all vaporė
Cure-dents	*lo stuzzicadenti*	stoutsicadènnti
Déjeuner	*il pranzo*	pranndzo
– (petit)	*la colazione*	colatsionė
Dessert	*il dolce*	doltchė
Diététique	*dietetico*	dièètico
Eau minérale gazeuse	*l'acqua minerale gasata*	acoua minéralė gasata
– plate	*– naturale*	– natouralė
Épices	*le spezie*	spètsiė
Faim	*la fame*	famė
Farci	*farcito* ou *ripieno*	fartchito *ou* ripièno
Foie	*il fegato*	fègato
Fourchette	*la forchetta*	forkètta
Frais	*fresco*	frèsco
Fraises	*le fragole*	fragolė
Framboises	*i lamponi*	lammponi
Frit	*fritto*	fritto
Frites	*le patatine fritte*	patatinė frittė
Fromage	*il formaggio*	formadjo
Fruit	*il frutto*	froutto
Fruits de mer (coquillages)	*i frutti di mare, le vongole*	froutti di marė, vonngolė
Garçon	*il cameriere*	camèrièrė

Gibier	*la selvaggina*	sèlvadjina
Gigot	*il cosciotto*	cochotto
Glace	*il gelato*	djèlato
Goût	*il gusto*	gousto
Grillé	*alla griglia*	grilya
Haricots en grains	*i fagioli*	fadjoli
– verts	*i fagiolini*	fadjolini
Huile	*l'olio*	olio
– d'olive	*– d'oliva*	– d'oliva
Jambon	*il prosciutto*	prochoutto
Jus de fruits	*il succo di frutta*	soucco di froutta
Langoustines	*gli scampi*	scammpi
Lapin	*il coniglio*	conilyo
Légumes	*la verdura*	vèrdoura
Melon	*il melone*	mèlonè
Menu	*il menu*	mènou
Moutarde	*la senape*	sènapè
Mouton	*il montone*	monntonè
Nappe	*la tovaglia*	tovalya
Œufs brouillés	*le uova strapazzate*	ouova strapatsatè
– à la coque	*– alla coque*	– alla coquè
– au plat	*– al tegamino*	– all tègamino
– durs	*– sode*	– sodè
Oignons	*le cipolle*	tchipollè
Omelette	*la frittata*	frittata
Pâtes	*la pasta*	pasta
Pâtisserie	*la pasticceria*	pastitchèria
Pêche	*la pesca*	pèsca
Petits pois	*i piselli*	pisèlli
Pichet	*la caraffa*	caraffa
Plat	*la pietanza*	piètanntsa
– du jour	*la specialità*	spètchalita
Point (à)	*cotto a puntino*	cotto a pounntino
Poireaux	*i porri*	porri
Poivre	*il pepe*	pèpè
Poivrons	*i peperoni*	pèpèroni
Pommes de terre	*le patate*	patatè
Porc	*il maiale*	maïalè
Portion	*la porzione*	portsionè
Potage	*la minestra*	minèstra
Poulet	*il pollo*	pollo

Riz	*il riso*	riso
Rôti	*l'arrosto*	arrosto
Saignant	*al sangue*	all sanngouė
Salade	*l'insalata*	innsalata
Sauce	*il sugo*	sougo
Sel	*il sale*	salė
– (sans)	*senza sale*	sėnntsa salė
Serviette	*il tovagliolo*	tovalyolo
Steak	*la bistecca*	bistėcca
– haché	*l'hamburgher, carne macinata*	ambourguėr, carnė matchinnata
Sucre	*lo zucchero*	dzoukkėro
Sucré	*zuccherato*	dzoukkėrato
Tarte	*la torta*	torta
Tasse	*la tazza*	tadza
Tendre	*tenero*	tėnėro
Thé	*té*	tė
Tomates	*i pomodori*	pomodori
Tranche	*la fetta*	fėtta
Veau	*il vitello*	vitėllo
Verre	*il bicchiere*	bikkiėrė
Viande	*la carne*	carnė
Vin	*il vino*	vino
– blanc	*bianco*	biannco
– rouge	*rosso*	rosso
– rosé	*rosato*	rosato
Vinaigre	*l'aceto*	atchėto
Volaille	*il pollame*	pollamė

Achats

Les phrases indispensables

Je voudrais **acheter...**

Vorrei comprare...
vorrèï commpraré...

Pouvez-vous m'**aider** ?

Può aiutarmi ?
pouo aioutarmi ?

En **avez-vous** d'autres... moins chers... plus grands... plus petits... ?

Ne ha altri... meno cari... più grandi... più piccoli... ?
né a altri... mèno cari... piou granndi... piou piccoli... ?

Acceptez-vous les **cartes de crédit** ?

Accetta le carte di credito ?
atchètta le carté di crèdito ?

Où est le **centre commercial** ?... le marché ?

Dov'è il centro commerciale... il mercato ?
dov'é il tchènntro commèrtchalé... il mèrcato ?

Au coin de la rue.

All'angolo della strada.
all'anngolo dèlla strada.

Première rue à droite.

Prima strada a destra.
prima strada a dèstra.

Deuxième à gauche

Seconda a sinistra
sèconnda a sinistra.

Tout près d'ici.

Qui vicino.
coui vitchino.

C'est loin.

È lontano.
é lonntano.

Pouvez-vous me donner le **certificat d'origine**... la facture ?

Può darmi il certificato d'origine... la fattura ?
pouo darmi il tchèrtificato d'oridjinė... la fattoura ?

Cela me **convient**.

Mi va bene.
mi va bènė.

J'aimerais une **couleur** moins... plus foncée... claire.

Vorrei un colore meno... più scuro... chiaro.
vorrèï oun colore mèno... piou skouro... kiaro.

Combien cela **coûte**-t-il ?

Quanto costa ?
couannto costa ?

Quels sont les **droits de douane** à payer ?

Quali sono i diritti di dogana da pagare ?
couali sono i diritti di dogana da pagarė ?

Puis-je **essayer... échanger** ?

Posso provare... cambiare ?
posso provarė... cammbiarė ?

À quelle heure **fermez-vous** ?

A che ora chiude ?
a kė ora kioudė ?

J'**hésite** encore.

Esito ancora.
èsito ancora.

Pouvez-vous faire **livrer** ce paquet à l'hôtel ?

Può far consegnare questo pacchetto all'hotel ?
pouo far consényaré couésto pakkétto all'hotél ?

Avez-vous de la **monnaie** ?

Ha moneta ?
a monéta ?

Pouvez-vous me **montrer**... ?

Può mostrarmi... ?
pouo mostrarmi... ?

Où dois-je **payer** ?... À la caisse.

Dove devo pagare ?... Alla cassa.
dové dévo pagaré ? Alla cassa.

Celui-ci me **plairait** davantage.

Questo mi piacerebbe di più.
couésto mi piatchérébbé di piou.

Écrivez-moi le **prix**, s'il vous plaît.

Mi scriva il prezzo, per favore.
mi scriva il prétso, pér favoré.

Puis-je **regarder**, s'il vous plaît ?

Posso guardare, per favore ?
posso gouardaré pér favoré ?

Pouvez-vous me **rembourser** ?

Può rimborsarmi ?
pouo rimmborsarmi ?

Je **repasserai** dans la journée... demain.

Ripasserò in giornata... domani.
ripasséro inn djornata... domani.

Ceci fait-il partie des **soldes** ?

Questo fa parte dei saldi ?
couésto fa parté déi saldi ?

Acceptez-vous les **Traveller chèques** ?

Accetta i Traveller chèques ?
atchètta i traveller chèque ?

Cela me **va** bien.

Mi va bene.
mi va bèné.

Merci, au revoir !

Grazie, arrivederci !
gratsié, arrivédèrtchi !

Appareils électriques • électronique • micro-informatique

elettrodomestici • elettronica • informatica
èlèttrodomèstitchi • èlètronica • innformatica

Un **adaptateur** est-il nécessaire ?

È necessario un adattatore ?
è nètchèssario oun adattatoré ?

Cet **appareil** est déréglé.

Questo apparecchio non funziona.
couèsto apparèkkio nonn founntsiona.

Pouvez-vous me donner le **certificat de garantie**... la facture ?

Può darmi il certificato di garanzia... la fattura ?
pouo darmi il tchèrtificato di garanntsia... la fattoura ?

Quels sont les **droits de douane** à payer ?

Quali sono i diritti di dogana da pagare ?

couali sono i diritti di dogana da pagarė ?

Le **fusible** a sauté.

È saltato il fusibile.
ė saltato il fousibilė.

Avez-vous ce type de **piles** ?

Ha questo tipo di pile ?
a couėsto tipo di pilė ?

Ma **radio** est en panne.

La mia radio non funziona.
la mia radio nonn founntsiona.

Pouvez-vous le (ou la) **réparer** ?

Può ripararlo (ripararla) ?
pouo ripararlo (ripararla) ?

Quand pourrais-je le (ou la) **reprendre** ?

Quando potrò riprenderlo (riprenderla) ?
couanndo potro riprėnndėrlo (riprėnndėrla) ?

Vocabulaire		
Accessoires	*accessori*	atchėssori
Adaptateur	*l'adattatore*	adattatorė
Alimentation	*alimentazione*	alimenntatsionė
Ampérage	*l'amperaggio*	ammpėradjo
Amplificateur	*l'amplificatore*	ammplificatorė
Ampoule	*la lampadina*	lammpadina
Antenne	*l'antenna*	anntėnna
Assistance	*supporto*	souporto
Autoradio	*autoradio*	aoutoradio
Baladeur	*walkman*	wokmann
Brancher	*innestare*	innėstarė
Bruit	*il rumore*	roumorė
Câble	*il cavo*	cavo
Cafetière	*la caffettiera*	caffėttiėra
Calculatrice	*la calcolatrice*	calcolatritchė
Cartouche	*cartuccia*	cartoutchia
Clavier	*tastiera*	tastiėra

Connexion	*connessione*	conèssionè
Courant	*la corrente*	corrènntè
Dévisser	*svitare*	svitarè
Disque compact	*il compact disc*	compact disk
Écouteur	*la cuffia*	couffia
Écran	*display*	displéï
Enceintes	*altoparlanti*	altoparlannti
Étui	*custodie*	coustodïè
Facture	*fattura*	fattoura
Fréquence	*la frequenza*	frècouènntsa
Garantie	*la garanzia*	garanntsia
Haut-parleur	*l'altoparlante*	altoparlanntè
Imprimante	*stampante*	stammpanntè
Internet	*internet*	inntèrnèt
Interrupteur	*l'interruttore*	intèrrouttorè
Jet d'encre	*getto d'inchiostro*	djèto dinnkiostro
Lampe	*la lampada*	lammpada
Laser	*laser*	lazèr
Logiciel	*software*	softouer
Magnétoscope	*il videoregistratore*	vidèorèdjistratorè
Mémoire	*memoria*	mèmoria
Multifonctions	*multifunzione*	moultifountsionè
Ordinateur	*computer*	commpioutèr
Ordinateur portable	*computer portatile*	commpioutèr portatilè
Pile	*la pila*	pila
Portatif	*portabile*	portabilè
Prise double	*la spina multipla*	spina moultipla
– simple	*la spina*	spina
Raccord	*il raccordo*	raccordo
Radio	*la radio*	radio
Rallonge	*la prolunga*	prolounnga
Réparation	*la riparazione*	riparatsionè
Réparer	*riparare*	ripararè
Réseau	*rete*	rètè
Résistance	*la resistenza*	rèsistènntsa
Réveil	*la sveglia*	svèlya
Sans fil	*wireless*	ouaïrlèss
Scanner	*scanner*	scannèr
Serveur	*server*	sèrvèr
Souris	*mouse*	maous
Stockage	*archivazione*	artchivatsionè
Téléchargment	*download*	daounlod
Tête de lecture	*la puntina*	pountina
Touche	*il tasto*	tasto

Transformateur	*il trasformatore*	trasformatorė
Visser	*avvitare*	avvitarė
Voltage 110	*il voltaggio centodieci*	voltadjo tchėntodiėtchi
– 220	*– duecentoventi*	– duėtchėntovėnnti

Banque

banca
bannca

Où est la **banque** la plus proche... le distibuteur de billets le plus proche ?

Dov'è la banca più vicina... il distributore più vicino ?
dov'è la bannca piou vitchina... il distriboutorė piou vitchino ?

J'ai une **carte de crédit**.

Ho una carta di credito.
o ouna carta di crėdito.

Y a-t-il un bureau de **change** près d'ici ?

C'è un ufficio cambio qui vicino ?
tchė oun ouffitcho cammbio coui vitchino ?

Je voudrais **changer** des francs suisses.

Vorrei cambiare dei franchi svizzeri.
vorrėï cammbiarė dėi frannki svitsėri.

Je voudrais encaisser ce **chèque de voyage**.

Vorrei incassare questo Traveller chèque.
vorrėï inncassarrė couėsto traveller chėque.

Quel est le **cours du change** ?

Qual'è il corso del cambio ?
coualė il corso dėl cammbio ?

Où dois-je **signer** ?

Dove devo firmare ?
dovė dėvo firmarė ?

J'attends un **virement**. Est-il arrivé ?

Aspetto un mandato (bancogiro). È arrivato ?
aspėtto oun manndato (banncodjiro). é arrivato ?

Je voudrais signaler la perte de ma carte de crédit / faire opposition à un chèque.

Vorrei denunciare la perdita della mia carta de crédito / bloccare un assegno.
Vorrėï dėnountcharė la pėrdita della mia carta di crėdito / blokarė oun assėnyo.

Vocabulaire		
Argent	*il denaro*	dėnaro
Billet	*il biglietto*	bilyėtto
CAISSE	*CASSA*	cassa
Carnet de chèques	*il libretto di assegni*	librėtto di assėny
Carte de crédit	*la carta di credito*	carta di crėdito
CHANGE	*CAMBIO*	cammbio
Changer	*cambiare*	cammbiarė
Chèque	*l'assegno*	assėnyo
– de voyage	*il traveller*	traveller
Commission	*la commissione*	commissionė
Compte	*il conto*	connto
Cours	*il corso*	corso
Devise	*la valuta*	valouta
Distributeur de billets	*lo sportello automatico*	sportėllo automatico
Encaisser	*incassare*	inncassarė
Espèces	*i contanti*	conntannti
Formulaire	*il formulario*	formoulario
Guichet	*lo sportello*	sportėllo
Monnaie	*la moneta*	monėta
Montant	*l'importo*	immporto
Paiement	*il pagamento*	pagamėnnto
Payer	*pagare*	pagarė
Reçu	*la ricevuta*	ritchėvouta

Retirer	*ritirare*	ritirarė
Signature	*la firma*	firma
Signer	*firmare*	firmarė
Versement	*il versamento*	vėrsamėnnto
Virement	*il mandato,* *il bancogiro*	manndato, banncodjiro

Bijouterie • horlogerie

gioielleria • orologeria
djoïėllėria • orolodjėria

Je voudrais voir le **bracelet** qui est en vitrine.

Vorrei vedere il braccialetto in vetrina.
vorrėï vėdėrė il bratchalėtto inn vėtrina.

Pouvez-vous me donner le **certificat d'origine** ?

Può darmi il certificato d'origine ?
pouo darmi il tchėrtificato d'oridjinė ?

Avez-vous un choix de **bagues** ?

Ha degli anelli ?
a dėly anėlli ?

Quels sont les **droits de douane** à payer ?

Quali sono i diritti di dogana da pagare ?
couali sono i diritti di dogana da pagarė ?

Auriez-vous un **modèle** plus simple ?

Ha un modello più semplice ?
a oun modėllo piou sėmmplitchė ?

Ma **montre** ne fonctionne plus.

Il mio orologio non funziona più.
il mio orolodjo non founntsiona piou.

Pouvez-vous **remplacer** le verre ?

Può cambiarmi il vetro ?
pouo cammbiarmi il vétro ?

Le **verre** est cassé.

Il vetro è rotto.
il vétro é rotto.

Vocabulaire		
Acier inoxydable	*l'acciaio inossidabile*	atchaïo inossidabilé
Aiguille	*la lancetta*	lanntchétta
Ambre	*l'ambra*	ammbra
Argent massif	*l'argento massiccio*	ardjénnto massitcho
– plaqué	*placcato argento*	placcato ardjénnto
Bague	*l'anello*	anéllo
Bijoux	*i gioielli*	djoïélli
Boucle	*la fibbia*	fibbia
– d'oreille	*l'orecchino*	orékkino
Boutons de manchette	*i polsini*	polssini
Bracelet-montre	*l'orologio da polso*	orolodjo da polso
Briquet	*l'accendino*	atchénndino
Broche	*la spilla*	spilla
Cadeau	*il regalo*	régalo
Carat	*il carato*	carato
Chaîne	*la catena*	caténa
Chaînette	*la catenina*	caténina
Chronomètre	*il cronometro*	cronométro
Collier	*la collana*	collana
Couverts	*le posate*	posaté
Épingle de cravate	*la spilla da cravatta*	spilla da cravatta
Étanche (montre)	*subacquea*	soubacouéa
Ivoire	*l'avorio*	avorïo
Médaille	*la medaglia*	médalya
Montre	*l'orologio*	orolodjo
– automatique	*– automatico*	– aoutomatico
Or massif	*oro massiccio*	oro massitcho
– plaqué	*placcato oro*	placcato oro
Pendentif	*il pendente*	pénndénnté
Pierres précieuses	*le pietre preziose*	piétre prétsiosé
– semi-précieuses	*– dure*	– douré
Pile	*le pile*	pilé

Ressort	*la molla*	molla
Réveil de voyage	*la sveglia da viaggio*	svèlya da viadjo
Verre (de montre)	*il vetro (da orologio)*	vètro da orolodjo

Boucherie • charcuterie

macelleria • salumeria
matchèllèria • saloumèria

Moins cher... **moins** gros... **moins** gras.

Meno caro... meno grosso... meno grasso.
mèno caro... mèno grosso... mèno grasso.

Auriez-vous un autre **morceau** ?

Ha un altro pezzo ?
a oun altro pèdzo ?

Vocabulaire		
Agneau (côte d')	*l'agnello (costoletta di)*	anyèllo (costolètta di)
Bœuf (côte de)	*il manzo (braciola di)*	manndzo (bratchola di)
– (rôti de)	*– (arrosto di)*	– (arrosto di)
– (steak)	*– (bistecca di)*	– (bistècca di)
– (steak haché)	*– (carne macinata)*	– (carnè matchinata)
Entrecôte	*la fracosta*	fracosta
Filet	*il filetto*	filètto
Foie	*il fegato*	fègato
Gibier	*la selvaggina*	sèlvadjina
Gras	*il grasso*	grasso
Jambon	*il prosciutto*	prochoutto
Lard	*il lardo*	lardo
Maigre	*magro*	magro
Morceau	*il pezzo*	pètso
Mouton (épaule de)	*il montone (spalla di)*	monntonè (spalla di)
– (gigot de)	*– (cosciotto di)*	– (cochotto di)
Porc	*il maiale*	maïalè
Saucisse	*la salsiccia*	salssitcha
Saucisson	*il salame*	salamè
Tendre	*tenero*	tènèro
Tranche	*la fetta*	fètta
Veau (escalope de)	*il vitello (scaloppa di)*	vitèllo (skaloppa di)

Volaille	***il pollame***	pollamė
canard	***l'anatra***	annatra
dinde	***il tacchino***	takkino
lapin	***il coniglio***	conilyo
poulet	***il pollo***	pollo
pintade	***la faraona***	faraona

Boulangerie • pâtisserie

panificio • pasticceria
panifitcho • pastitchėria

Vocabulaire		
Bien cuit	***ben cotto***	bėnn cotto
Biscotte	***la fetta biscottata***	fėtta biscottata
Croissant	***il cornetto***	cornėtto
Farine	***la farina***	farina
Gâteau	***il dolce***	doltchė
Levure	***il lievito***	liėvito
Pain	***il pane***	panė
Pâte	***la pasta***	pasta
Peu cuit	***poco cotto***	poco cotto
Tarte	***la torta***	torta

Chaussures • cordonnier

scarpe • calzolaio
scarpė • caltsolaïo

Où puis-je trouver un **cordonnier** ?

Dove posso trovare un calzolaio ?
dovė posso trovarė oun caltsolaïo ?

Puis-je **essayer** ?

Posso provare ?
posso provarė ?

Ces chaussures sont **étroites**. Pouvez-vous les mettre sur la forme ?

Queste scarpe sono strette. Può allargarmele ?
couèsté scarpé sono strètté. pouo allargarmèlé ?

Avez-vous un **modèle** du même genre ?

Ha un modello dello stesso tipo ?
a oun modèllo dèllo stesso tipo ?

Quand seront-elles **prêtes** ?

Quando saranno pronte ?
couanndo saranno pronnté ?

Prenez-vous les **réparations** rapides ?

Fate riparazioni rapide ?
faté riparatsioni rapidé ?

Vocabulaire		
Beige	***crema***	crèma
Blanc	***bianco***	biannco
Bottes	***i stivali***	stivali
Brun	***bruno***	brouno
Caoutchouc	***la gomma***	gomma
Chausse-pieds	***il corno per calzature***	corno pèr caltsatouré
Cirage	***il lucido da scarpe***	loutchido da scarpé
Clouer	***inchiodare***	innkiodaré
Coller	***incollare***	inncollaré
Cordonnier	***il calzolaio***	caltsolaïo
Court	***corto***	corto
Cuir véritable	***il vero cuoio***	vèro couoïo
Daim	***il camoscio***	camochio
Embauchoirs	***il gambale***	gammbalé
Étroit	***stretto***	strètto
Grand	***grande***	granndé
Lacet	***laccio***	latcho
Large	***largo***	largo
Noir	***nero***	nèro
Paire	***il paio***	païo

Petit	***piccolo***	piccolo
Pointure	***il numero***	noumèro
Recoudre	***ricucire***	ricoutchirè
Ressemelage	***risuolare***	rissouolarè
Rouge	***rosso***	rosso
Sandales	***i sandali***	sanndali
Semelles	***le suole***	souolè
Talon	***il tacco***	tacco
Tissu	***il tessuto***	tessouto
Toile	***la tela***	tèla
Vernis	***la vernice***	vèrnitchè
Vert	***verde***	vèrdè

Coiffeur

parrucchiere
parroukièrè

Pouvez-vous m'indiquer un coiffeur ?

Può indicarmi un parrucchiere ?
pouo inndicarmi oun parroukièrè ?

Faites-moi des **boucles**... des ondulations.

Mi faccia dei ricci... delle ondulazioni.
mi fatcha dèi ritchi... dèlle onndoulatsioni.

Je voudrais une **coloration** en brun... châtain... noir... roux... une teinture au henné... une décoloration.

Vorrei tingere i capelli in bruno... castano... nero... rosso... una tintura all'henné... schiarire i capelli.
vorrèï tinndjère i capèlli inn brouno... castano... nèro... rosso... ouna tinntoura all'hènnè... skiarirè i capèlli.

Combien vous dois-je ?

Quanto le devo ?
couannto lé dèvo ?

Ne **coupez** pas trop **court**.

Non tagli troppo corto.
non taly troppo corto.

L'**eau** est trop froide... trop chaude.

L'acqua è troppo fredda... troppo calda.
l'acoua è troppo frèdda... troppo calda.

Avez-vous une **manucure** ?

Ha una manicure ?
a ouna manicouré ?

Je **ne veux pas** de gel... ni de laque.

Non voglio gel... e neanche lacca.
non volyo djèl... é néannké lacca.

Quel est le **prix** d'une coupe... d'une mise en plis... d'une permanente ?

Quant'è per un taglio... una messa in piega... una permanente ?
couannté pér oun talyo... ouna méssa inn piéga... ouna pérmanènnté ?

Je voudrais me faire **raser**.

Vorrei farmi radere.
vorrèï farmi radéré.

Je voudrais un **rendez-vous**.

Vorrei un appuntamento.
vorrèï oun appounntamènnto.

Faites-moi un **shampooing**... un brushing.

Mi faccia uno shampo... un brushing.
mi fatcha ouno chammpo... oun brouchinng.

Vocabulaire		
Blond	*biondo*	bionndo
Boucles	*i ricci*	ritchi
Brosse	*la spazzola*	spatsola
Brun	*bruno*	brouno
Brushing	*brushing*	brouchinng
Casque	*il casco*	casco
Châtain	*castano*	castano
Cheveux	*i capelli*	capėlli
– gras	*– grassi*	– grassi
– raides	*– dritti*	– dritti
– secs	*– secchi*	– sėkki
Chignon	*lo chignon*	chignon
Ciseaux	*le forbici*	forbitchi
Clair	*chiaro*	kiaro
Coupe	*il taglio*	talyo
Couper	*tagliare*	talyarė
Court	*corto*	corto
Derrière	*dietro*	diėtro
Devant	*davanti*	davannti
Foncé	*scuro*	skouro
Frange	*la frangia*	frranndja
Friction	*la frizione*	fritsionė
Laque	*la lacca*	lacca
Long	*lungo*	lounngo
Manucure	*la manicure*	manicourė
Mèche	*la ciocca*	tchocca
Mise en plis	*la messa in piega*	mėssa inn piėga
Nacré	*madreperlato*	madrėpėrlato
Nuance	*la sfumatura*	sfoumatoura
Nuque	*la nuca*	nouca
Ondulations	*le ondulazioni*	onndoulatsioni
Oreilles	*gli orecchi*	orėki
Pédicure	*il pedicure*	pėdicourė
Peigne	*il pettine*	pėttinė
Permanente	*la permanente*	pėrmanėnntė
Perruque	*la parrucca*	parroucca
Poil	*il pelo*	pėlo
Raie	*la riga*	riga
Raser	*radere*	radėrė

Rasoir	*il rasoio*	rasoïo
Retouche	*il ritocco*	ritocco
Savon	*il sapone*	saponė
Séchoir	*l'asciugacapelli*	achougacapélli
Shampooing	*lo shampo*	chammpo
Teinture	*la tinta*	tinnta

Crémerie

latteria
lattéria

Vocabulaire		
Beurre	*il burro*	bourro
Bouteille	*la bottiglia*	bottilya
Crème	*la panna*	panna
Frais	*fresco*	frésco
Fromage	*il formaggio*	formadjo
– blanc	*la ricotta*	ricotta
– français	*il formaggio francese*	formadjo franntchésė
– local	*– locale*	– localė
Lait	*il latte*	lattė
– écrémé	*– scremato*	– scrémato
– entier	*– intero*	– intéro
– pasteurisé	*– pastorizzato*	– pastoridzato
Litre de...	*il litro di...*	litro di...
Œufs	*le uova*	ouova
– (douzaine d')	*dozzina di uova*	dodzina di ouova
Yoghourt	*lo yogurt*	yogourt

Épicerie • boissons

alimentari) • bibite
aliménntari • bibité

Vocabulaire		
Apéritif	*l'aperitivo*	apèritivo
Biscotte	*la fetta biscottata*	fètta biscottata
Boîte de carottes	*le carote in scatola*	caroté inn scatola
– de haricots verts	*i fagiolini in scatola*	fadjolini inn scatola
– de petits pois	*i piselli in scatola*	pisèlli inn scatola
Bouchon	*il tappo*	tappo
Bouteille	*la bottiglia*	bottilya
Café	*il caffé*	caffè
Carton (emballage)	*il cartone*	cartoné
Chocolat	*il cioccolato*	tchoccolato
– en poudre	*– in polvere*	– inn polvéré
– en tablette	*la tavoletta di cioccolato*	tavolètta di tchoccolato
Confiture	*la marmellata*	marmèllata
Eau minérale	*l'acqua minerale*	acoua minéralé
– gazeuse	*– gasata*	– gasata
– plate	*– liscia*	– licha
Épices	*le spezie*	spètsié
Huile	*l'olio*	olio
Jus de fruits	*il succo di frutta*	soucco di froutta
Lait	*il latte*	latté
– en boîte	*– in scatola*	– inn scatola
– en poudre	*– in polvere*	– inn polvéré
Limonade	*la gazzosa*	gadzosa
Miel	*il miele*	mièlé
Moutarde	*la senape*	sènapé
Pâtes	*la pasta*	pasta
Poivre	*il pepe*	pépé
Potage	*la minestra*	minèstra
Riz	*il riso*	riso
Sac	*la borsa*	borsa
Sachet	*il sacchetto*	sakkètto
Sel	*il sale*	salé

Sucre en morceaux	*le zollette di zucchero*	dzollèttè di dzoukèro
– poudre	*lo zucchero*	dzoukèro
Thé	*il tè*	tè
Vin blanc	*il vino bianco*	vino biannco
– rosé	*– rosato*	– rosato
– rouge	*– rosso*	– rosso
Vinaigre	*l'aceto*	atchèto

Fleuriste

fiorista
fiorista

Où puis-je trouver un fleuriste ?
Dove posso trovare un fiorista ?
dovè posso trovarè oun fiorista ?

Faites-moi un **bouquet** de fleurs de saison.
Mi faccia un mazzo di fiori di stagione.
mi fatcha oun madzo di fiori di stadjonè.

Pouvez-vous les **envoyer** à l'adresse suivante ?
Può mandarli a questo indirizzo ?
pouo manndarli a couèsto inndiritso ?

Avez-vous des **fleurs** meilleur marché ?
Ha dei fiori meno cari ?
a dèï fiori mèno cari ?

Raccourcissez les tiges, s'il vous plaît.
Accorci i gambi, per favore.
accortchi i gammbi, pèr favorè.

Vocabulaire		
Bouquet	*il mazzo*	madzo
Corbeille de fleurs	*il cesto di fiori*	tchėsto di fiori
Demi-douzaine	*la mezza dozzina*	mėdza dodzina
Douzaine	*la dozzina*	dodzina
Feuillage	*il fogliame*	folyamė
Feuille	*la foglia*	folya
Fleur	*il fiore*	fiorė
Gerbe	*il fascio*	facho
Mélange de fleurs	*i fiori misti*	fiori misti
Plante verte	*la pianta verde*	piannta vėrdė
Quelques fleurs	*qualche fiore*	coualkė fiorė
Tige	*il gambo*	gammbo
Vase	*il vaso*	vaso

Fruits et légumes

frutta e verdura
froutta ė vėrdoura

Je **voudrais** 100 grammes... 1/2 kilo... 1 kilo... de...

Vorrei cento grammi... mezzo chilo... un chilo... di...
vorrėï tchėnnto grammi... mėdzo kilo... oun kilo... di...

Vocabulaire		
Abricots	*le albicocche*	albicokkė
Ail	*l'aglio*	alyo
Artichauts	*i carciofi*	cartchofi
Asperges	*gli asparagi*	asparadji
Aubergines	*le melanzane*	mėlanntsanė
Banane	*la banana*	banana
Basilic	*il basilico*	basilico
Betterave	*la barbabietola*	barbabiėtola
Botte de...	*il mazzo di...*	madzo di...
Broccoli	*i broccoli*	broccoli
Carottes	*le carote*	carotė
Cerise	*la ciliegia*	tchiliėdja

Champignons	*i fungi*	founngui
Chicorée	*la cicoria*	tchicoria
Chou	*il cavolo*	cavolo
– fleur	*il cavolfiore*	cavolfiorė
– de Bruxelles	*il cavoletto di Bruxelles*	cavolètto di brouxèl
Citron	*il limone*	limonė
Concombre	*il cetriolo*	tchètriolo
Courgettes	*le zucchine*	dzoukinė
Endives	*l'indivia*	inndivia
Épinards	*gli spinaci*	spinatchi
Figues	*i fichi*	fiki
Fines herbes	*le erbe aromatiche*	èrbė aromatikė
Frais	*fresco*	frèsco
Fraises	*le fragole*	fragolė
Framboises	*i lamponi*	lammponi
Groseilles	*il ribes*	ribès
Haricots en grains	*i fagioli*	fadjoli
– verts	*i fagiolini*	fadjolini
Laitue	*la lattuga*	lattouga
Lentilles	*le lenticchie*	lènntikkiė
Mandarines	*i mandarini*	manndarini
Melon	*il melone*	mèlonė
Mirabelles	*le susine*	sousinė
Mûr	*maturo*	matouro
Mûres	*le more*	morė
Myrtilles	*i mirtilli*	mirtilli
Navets	*le rape*	rapė
Noix	*le noci*	notchi
Oignons	*le cipolle*	tchipollė
Oranges	*le arance*	aranntchė
Pamplemousses	*i pompelmi*	pommpèlmi
Pêche	*la pesca*	pèsca
Persil	*il prezzemolo*	prėdzèmolo
Petits pois	*i piselli*	pisèlli
Poireaux	*i porri*	porri
Pois chiches	*i ceci*	tchètchi
Poivrons	*i peperoni*	pėpėroni
Pommes	*le mele*	mèlė
Pommes de terre	*le patate*	patatė
Prunes	*le prugne*	prounyė

Radis	***i ravanelli***	ravanèlli
Raisins	***l'uva***	ouva
Salade	***l'insalata***	innsalata
Tomates	***i pomodori***	pomodori

Habillement

abbigliamento
abbilyamènnto

Où peut-on trouver un magasin de prêt-à-porter ?

Dove posso trovare un negozio di abbigliamento ?
dovè posso trovarè oun nègotsio di abbilyamènnto ?

Je voudrais un **costume** coupé suivant ce modèle... dans ce tissu.

Vorrei un abito dello stesso modello... in questo tessuto.
vorrèï oun abito dèllo stèsso modèllo... inn couèsto tèssouto.

Donnez de l'aisance aux **emmanchures.**

Vorrei il giro delle maniche un pò più largo.
vorrèï il djiro dèllè manikè oun po piou largo.

Puis-je **essayer... échanger** ?

Posso provare... cambiare ?
posso provarè... cammbiarè ?

Cette chemise est **étroite.**

Questa camicia è stretta.
couèsta camitcha è strètta.

Prenez mes **mesures**, s'il vous plaît.

Prenda le mie misure, per favore.
prènnda lè miè misourè, pèr favorè.

Quel type de **nettoyage** conseillez-vous ?

Che tipo di lavaggio mi consiglia ?
kè tipo di lavadjo mi connsilya ?

Plus grand... **plus** petit...

Più grande... più piccolo...
piou granndè... piou piccolo...

Il faudrait **raccourcir** les manches.

Bisognerebbe accorciare le maniche.
bisonyèrèbbè accortcharè lè manikè.

Ce pantalon ne **tombe** pas bien.

Questi pantaloni non cascano bene.
couèsti panntaloni nonn cascano bènè.

Vocabulaire		
Anorak	*la giacca a vento*	djacca a vènnto
Bas	*le calze*	caltsè
Beige	*crema*	crèma
Bermuda	*le bermuda*	bermouda
Blanc	*bianco*	biannco
Bleu ciel	*celeste*	tchèlèstè
– marine	*blu marino*	blou marino
Blouson	*il giaccone*	djacconè
Bonnet	*il berretto*	bèrrètto
Bouton	*il bottone*	bottonè
Bretelles	*le bretelle*	brètèllè
Caleçon	*i calzoncini*	caldzontchini
Casquette	*il berretto a visiera*	bèrrètto a visièra
Ceinture	*la cintura*	la tchinntoura
Centimètres	*i centimetri*	tchènntimètri
Chapeau	*il cappello*	cappèllo
Chaussettes	*i calzetti*	i caltsètti
Chemise	*la camicia*	camitcha

Chemisier	*la blusa*	blousa
Clair	*chiaro*	kiaro
Col	*il collo*	collo
Collant	*il collant*	collannt
Complet	*il completo*	commplèto
Coton	*il cotone*	cotoné
Couleur	*il colore*	coloré
Couper	*tagliare*	talyaré
Court	*corto*	corto
Cravate	*la cravatta*	cravatta
Cuir	*il cuoio*	couoïo
– (manteau de)	*il soprabito di pelle*	soprabito di pèllé
Culotte	*le mutande*	moutanndé
Doublure	*la fodera*	fodèra
Écharpe	*la sciarpa*	charpa
Emmanchures	*il giro-manica*	djiro manica
Épingle	*lo spillo*	spillo
– de sûreté	*la spilla da balia*	spilla da balia
Essayer	*provare*	provaré
Étroit	*stretto*	strètto
Fabrication locale	*fabbricazione locale*	fabbricatsioné localé
Facile à entretenir	*di facile manutenzione*	di fatchilé manoutènntsioné
Fait à la main	*fatto a mano*	fatto a mano
Fermeture à glissière	*la cerniera lampo*	tchèrnièra lammpo
Feutre	*il feltro*	fèltro
Fil	*il filo*	filo
– à coudre	*– per cucire*	pèr coutchiré
Foncé	*scuro*	scouro
Foulard	*il foulard*	foulard
Gant	*il guanto*	gouannto
Garanti	*garantito*	garanntito
Grand	*grande*	granndé
Grand teint	*colori resistenti*	colori rèsistènnti
Gris	*grigio*	gridjo
Habit	*l'abito*	abito
Imperméable	*l'impermeabile*	immpèrméabilé
Jaune	*giallo*	djallo
Jupe	*la gonna*	gonna
Laine	*la lana*	lana

Lavable en machine	*lavabile in lavatrice*	lavabilė inn lavatritchė
Lavage à la main	*lavaggio a mano*	lavadjo a mano
Léger	*leggero*	lėdjėro
Lingerie	*la biancheria*	biannkėria
Long	*lungo*	lounngo
Lourd	*pesante*	pėsanntė
Maillot de bain	*il costume da bagno*	costoumė da banyo
– de corps	*la maglietta*	malyėtta
Manche	*la manica*	manica
Manteau	*il cappotto*	cappotto
Marron	*marrone*	marronė
Mode (à la)	*moda (alla)*	moda
Mouchoir	*il fazzoletto*	fadzolėtto
Nettoyer	*pulire*	poulirė
Noir	*nero*	nėro
Pantalon	*i pantaloni*	panntaloni
Parapluie	*l'ombrello*	ommbrėllo
Poche	*la tasca*	tasca
Prêt-à-porter	*prêt-à-porter*	prėt-a-portė
Pull-over	*il pullover*	poullovėr
Qualité	*la qualità*	coualita
Rayé	*a righe*	a riguė
Repassage	*stirare*	stirarė
Rétrécir	*restringere*	rėstrinndjėrė
Robe	*il vestito*	vėstito
Rose	*rosa*	rosa
Rouge	*rosso*	rosso
Short	*i pantaloncini corti*	panntalonntchini corti
Slip	*gli slip*	slip
Soie	*la seta*	sėta
Sous-vêtements	*gli indumenti intimi*	ly inndoumėnnti inntimi
Soutien-gorge	*il reggiseno*	rėdjisėno
Survêtement	*la tuta*	touta
Taille	*la taglia*	talya
Tailleur	*il sarto*	sarto
Teinte	*la tinta*	tinnta
Tissu à carreaux	*il tessuto a quadri*	tėssouto a couadri
– imprimé	*– stampato*	– stammpato

– à pois	*– a pois*	– a poi
– à rayures	*– a righe*	– a riguė
– uni	*– unito*	– ounito
Toile	*la tela*	tėla
Velours	*il velluto*	vėllouto
Vert	*verde*	vėrdė
Veste	*la giacca*	djacca
Vêtements	*gli abiti*	abiti

Opticien

ottico
ottico

S'il vous plaît, pouvez-vous m'indiquer un opticien ?

Per favore, può indicarmi un ottico ?
pėr favorė, pouo inndicarmi oun ottico ?

J'ai perdu mes **lentilles de contact.**

Ho perso le lenti a contatto.
o pėrso le lėnnti a conntatto.

J'ai cassé mes **lunettes.** Pouvez-vous les remplacer avec ou sans ordonnance ?

Ho rotto gli occhiali. Può sostituirli con o senza prescrizione ?
o rotto ly okyiali. Pouo sostituirli conn o sėnndza prėscritsionė ?

Je voudrais des **lunettes de soleil...** anti-reflets.

Vorrei degli occhiali da sole... anti-riflesso.
vorrėï dėly okkiali da solė... annti-riflėsso.

Pouvez-vous **remplacer** les verres ?... les branches ?

Può sostituirmi le lenti ?...
le stanghette ?
pouo sostituirmi lé lènnti...
lé stannguèttè ?

Quand pourrais-je les **reprendre** ?

Quando potrò riprenderli ?
couanndo potro riprènndèrli ?

Je porte des **verres** teintés.

Le lenti dei miei occhiali sono colorate.
le lènnti dèi mièi okkiali sono coloratè.

Vocabulaire		
Astigmate	*astigmatico*	astigmatico
Branche	*la stanghetta*	stannguètta
Étui	*l'astuccio*	astoutcho
Hypermétrope	*ipermetrope*	ipermètropè
Jumelles	*il cannocchiale*	cannokkialè
Lentille de contact	*la lente a contatto*	lènntè a conntatto
Liquide pour lentilles de contact	*liquido per lenti a contatto*	licouido pèr lènnti a conntatto
Longue-vue	*il binocolo*	binocolo
Loupe	*la lente d'ingrandimento*	lènntè d'inngranndi-mènnto
Lunettes	*gli occhiali*	okkiali
– de soleil	*– da sole*	– da solè
Myope	*miope*	miopè
Presbyte	*presbite*	prèsbitè
Verre	*la lente*	lènntè
– teinté	*– colorata*	– colorata
Vis	*la vite*	vitè

Papeterie • librairie

cartoleria • libreria
cartolèria • librèria

Où puis-je trouver une papeterie… une librairie ?

Dove posso trovare una cartoleria… una libreria ?
dovė posso trovarė ouna cartolèria… ouna librèria ?

Existe-t-il une **histoire** de la région en français ?

Esiste una storia della regione in francese ?
èsistė ouna storia dėlla rėdjonė inn franntchėsė ?

Recevez-vous les **journaux** français ?

Ricevete i giornali francesi ?
ritchėvėtė i djornali franntchėsi ?

Faites-vous des **photocopies** ?

Fate delle fotocopie ?
fatė dėllė fotocopiė ?

Pouvez-vous me procurer la **traduction** française de cet ouvrage ?

Può procurarmi la traduzione francese di questo libro ?
pouo procourarmi la tradoutsionė franntchėsė
di couėsto libro ?

Vocabulaire		
Agenda	*l'agenda*	adjėnnda
Agrafe	*la graffetta*	graffėtta
Agrafeuse	*l'aggraffatrice*	aggraffatritchė
Bloc-notes	*il bloc notes*	blok notė
Boîte de peinture	*la scatola di colori*	scatola di colori
Bouteille d'encre	*la bottiglia d'inchiostro*	bottilya d'innkiostro

Brochure	*il fascicolo*	fachicolo
Cahier	*il quaderno*	couadèrno
Calculatrice	*la calcolatrice*	calcolatritchė
Calendrier	*il calendario*	calènndario
Carnet	*il taccuino*	taccouino
– d'adresses	*la rubrica*	roubrica
Carte géographique	*la carta geografica*	carta djèografica
– routière	*– stradale*	– stradalė
– touristique	*– turistica*	– touristica
Cartes à jouer	*le carte da gioco*	cartė da djoco
– postales	*le cartoline*	cartolinė
– de vœux	*– d'augurio*	– d'aougourio
Cartouche (stylo)	*le cartucce di ricambio*	cartoutchė di ricammbio
Ciseaux	*le forbici*	forbitchi
Colle	*la colla*	colla
Crayon noir	*la matita nera*	matita nèra
Crayons de couleurs	*le matite colorate*	matitė coloratė
Dictionnaire de poche	*il dizionario tascabile*	ditsionario tascabilė
Édition	*l'edizione*	èditsionė
Élastiques	*gli elastici*	èlastitchi
Encre	*l'inchiostro*	innkiostro
Enveloppe	*la busta*	bousta
Étiquettes	*le etichette*	ètiquèttė
– adhésives	*– adesive*	– adèsivė
Exemplaire	*l'esemplare*	èsèmmplarė
Feuille	*il foglio*	folyo
Ficelle	*lo spago*	spago
Format	*il formato*	formato
Grammaire	*la grammatica*	grammatica
Guide touristique	*la guida turistica*	gouida touristica
– en français	*– in francese*	– inn franntchèsė
Hebdomadaire	*il settimanale*	sèttimanalė
Journal	*il giornale*	djornalė
– français	*– francese*	– franntchèsė
– local	*– locale*	– localė
Livre d'art	*il libro d'arte*	libro d'artė
– de poche	*– tascabile*	– tascabilė
– pour enfants	*– per bambini*	– pèr bammbini
Magazine	*la rivista illustrata*	rivista illoustrata

Manuel de conversation	*il manuale di conversazione*	manoualé di connvèrsatsioné
Papier	*la carta*	carta
– cadeau	*– da regalo*	– da règalo
– collant	*– auotoadesiva*	– aoutoadèsiva
– d'emballage	*– per imballare*	– pèr immballaré
– à lettres	*– da lettere*	– da lèttèré
Pile	*la pila*	pila
Pinceau	*il pennello*	pènnèllo
Plan de la ville	*la pianta della città*	piannta dèlla tchitta
Plume	*la penna*	pènna
Recharge	*il ricambio*	ricammbio
Règle	*la squadra*	scouadra
Revue	*la rivista*	rivista
Roman	*il romanzo*	romandzo
Stylo-bille	*la penna biro*	pènna biro
Stylo-feutre	*il pennarello*	pènnarèllo
Stylo-plume	*la penna stilografica*	pènna stilografica
Taille-crayon	*il temperino*	tèmmpèrino

Parfumerie • hygiène

profumeria • igiene
profouméria • idjiènè

S'il vous plaît, y a-t-il une parfumerie dans le quartier ?

Per favore, c'è una profumeria nel quartiere ?
pèr favoré, tché ouna profouméria nèl couartièré ?

Je cherche une **brosse** plus souple.

Cerco una spazzola più morbida.
tchèrco ouna spadzola piou morbida.

Puis-je **essayer** ce vernis à ongles ?

Posso provare questo smalto ?
posso provaré couèsto smalto ?

J'aimerais un parfum plus **léger**... plus poivré.

Vorrei un profumo più leggero... più pepato.
vorrêï oun profoumo piou lèdjèro... piou pèpato.

Pourrais-je **sentir** ce parfum ?

Potrei annusare questo profumo ?
potrêï annousarè couèsto profoumo ?

Vocabulaire		
Blaireau	***il pennello da barba***	pènnèllo da barba
Brosse à cheveux	***la spazzola per capelli***	spatsola pèr capèlli
– à dents	***lo spazzolino da denti***	spatsolino da dènnti
– à ongles	***– da unghie***	– da ounnguiè
Cheveux	***i capelli***	capèlli
– gras	***– grassi***	– grassi
– secs	***– secchi***	– sèkki
– avec pellicules	***– con la forfora***	– conn la forfora
Coton hydrophile	***il cotone idrofilo***	cotonè idrofilo
– -tiges	***i bastoncini per gli orecchi***	bastonntchini pèr ly orèkki
Crayons pour les yeux	***matite per gli occhi***	matitè pèr ly okki
Crème hydratante	***la crema idratante***	crèma idratanntè
– de jour	***– da giorno***	– da djorno
– de nuit	***– da notte***	– da nottè
– pour les mains	***– per le mani***	– pèr lè mani
– à raser	***– per radersi***	– pèr radèrsi
– solaire	***– solare***	– solarè
Démaquiller	***struccarsi***	strouccarsi
Dentifrice	***il dentifricio***	dènntifritcho
Déodorant	***il deodorante***	dèodoranntè
Dissolvant	***il solvente***	solvènntè
Eau de Cologne	***l'acqua di Colonia***	acoua di colonia
Épingle à cheveux	***la forcina da capelli***	fortchina da capèlli
– de sûreté	***la spilla da balia***	spilla da balia
Éponge	***la spugna***	spounya

Fard	*il fard*	fard
Flacon	*il flacone*	flaconé
Foncé	*scuro*	scouro
Fond de teint	*il fondo tinta*	fonndo tinnta
Gel	*il gel*	djèl
Huile solaire	*l'olio solare*	olio solaré
Incolore	*incolore*	inncoloré
Lait démaquillant	*il latte per struccarsi*	latté pèr strouccarsi
Lames de rasoir	*le lamette da barba*	lamètté da barba
Laque	*la lacca*	lacca
Lime à ongles	*limetta da unghie*	limètta da ounnguié
Lotion	*la lozione*	lotsioné
Lourd	*pesante*	pèsannté
Maquiller	*truccarsi*	trouccarsi
Masque	*la maschera*	maskèra
Mouchoirs en papier	*i fazzoletti di carta*	fadzolètti di carta
Mousse à raser	*la crema da barba*	crèma da barba
Papier hygiénique	*la carta igienica*	carta idjènica
Parfum	*il profumo*	profoumo
Peau	*la pelle*	pèllé
– grasse	*– grassa*	– grassa
– sèche	*– secca*	– sècca
Peigne	*il pettine*	pèttiné
Pierre ponce	*la pietra pomice*	piètra pomitché
Pinceau	*il pennello*	pènnèllo
Pinces à épiler	*la pinzetta per depilare*	pinntsètta pèr dèpilaré
Pommade pour les lèvres	*il burro cacao*	bourro cacao
Poudre	*la cipria*	tchipria
Poudrier	*la scatola di cipria*	scatola di tchipria
Rasoir	*il rasoio*	rasoïo
Rouge à lévres	*il rossetto*	rossètto
Savon	*il sapone*	saponé
Sec	*asciutto ou secco*	achoutto *ou* sècco
Serviette hygiénique	*l'assorbente*	assorbènnté
Shampooing	*lo shampo*	chammpo
Talc	*il borotalco*	borotalco
Tampon	*l'assorbente interno*	assorbènnté inntèrno
Teinte	*la tinta*	tinnta
Trousse de toilette	*il beauty-case*	biouti kèsé

Tube	*il tubo*	toubo
Vaporisation	*la vaporizzazione*	vaporidzatsioné
Vernis à ongles	*lo smalto*	smalto

Photographie

fotografia
fotografia

S'il vous plaît, pouvez-vous m'indiquer un magasin de photo ?

Per favore, può indicarmi un negozio di fotografia ?
pér favoré, pouo inndicarmi oun négotsio di fotografia ?

Pouvez-vous me donner le **certificat d'origine** ?

Può darmi il certificato d'origine ?
pouo darmi il tchèrtificato d'oridjiné ?

En combien de temps pouvez-vous me **développer** ce film ?

In quanto tempo può svilupparmi questo film ?
inn couannto témmpo pouo svilouppermi couésto film ?

Quels sont les **droits de douane** ?

Quali sono i diritti di dogana ?
couali sono i diritti di dogana ?

J'ai des **ennuis** avec...

Ho delle noie con...
o déllé noïé conn...

La cellule ne **fonctionne** pas.

La fotocellula non funziona.
la fototchélloula nonn founntsiona.

L'appareil est **tombé.**

La macchina fotografica mi è caduta.
la makkina fotografica mi è cadouta.

Vocabulaire		
Agrandissement	***l'ingrandimento***	inngranndimènnto
Appareil	***macchina fotografica***	makkina fotografica
– jetable	***usa e getta***	ousa è gètta
– numérique	***digitale***	didjitalé
Bague de réglage	***l'anello regolatore***	anèllo règolatoré
Bobine	***la bobina***	bobina
Boîtier	***la cassa***	cassa
Brillant	***brillante***	brillannté
Camescope	***videocamera***	vidèocamèra
Cartouche	***la cartuccia***	cartoutcha
Clair	***chiaro***	kiaro
Compteur	***il contatore***	conntatoré
Contrasté	***contrastato***	conntrastato
Déclencheur	***lo scatto***	scatto
Diaphragme	***il diaframma***	diaframma
Dos de l'appareil	***il dietro della macchina***	diètro dèlla makkina
Épreuve	***il fotogramma***	fotogramma
Film noir et blanc	***la pellicola bianco e nero***	pèllicola biannco è nèro
Filtre jaune	***il filtro giallo***	filtro djallo
– orange	***– arancio***	– aranntcho
– rouge	***– rosso***	– rosso
Format	***il formato***	formato
Glacé	***patinato***	patinato
Grain fin	***a grana fina***	grana fina
Identité (photo d')	***identità (foto d')***	idènntita
Lumière artificielle	***la luce artificiale***	loutché artifitchalé
– du jour	***– del giorno***	– dèl djorno
Marges (avec)	***con i margini***	conn i mardjini
– (sans)	***senza i margini***	sènntza i mardjini
Mat	***opaco***	opaco
Négatif	***il negativo***	nègativo
Objectif	***l'obiettivo***	obièttivo

Obturateur	*l'otturatore*	ottouratorė
Papier	*la carta*	carta
Pied	*il treppiede*	trėppiėdė
Pile	*la pila*	pila
Rapide	*rapido*	rapido
Recharger	*ricaricare*	ricaricarė
Réparation	*la riparazione*	riparatsionė
Sensible	*sensibile*	sėnnsibilė
Sombre	*oscuro*	oscouro
Tirage	*la stampa*	stammpa
Viseur	*il mirino*	mirino

Poissonnerie

pescheria
pėskėria

Vocabulaire		
Anchois	*le acciughe*	atchouguė
Anguille	*l'anguilla*	anngouilla
Bar	*il branzino*	branndzino
Brochet	*il luccio*	loutcho
Cabillaud	*il merluzzo*	mėrloudzo
Calmars	*i calamari*	calamari
Carpe	*la carpa*	carpa
Carrelet	*il passerino*	passėrino
Colin	*il nasello*	nasėllo
Congre	*il grongo*	gronngo
Coquillages	*i frutti di mare*	froutti di marė
Coquilles Saint-Jacques	*conchiglia di San Giacomo*	connkilya di sann djacomo
Crabes	*i granchi*	grannki
Crevettes	*i gamberetti*	gammbėrėtti
Crustacés	*i crostacei*	crostatchėï
Daurade	*l'orata*	orata
Écrevisses	*i gamberi*	gammbėri
Filet	*il filetto*	filėtto
Hareng	*l'aringa*	arinnga
Homard	*il gambero di mare*	gammbėro di marė

Huîtres	*le ostriche*	ostrikė
Langouste	*l'aragosta*	aragosta
Langoustines	*gli scampi*	scammpi
Maquereau	*lo sgombro*	sgommbro
Merlan	*il nasello*	nasèllo
Morue	*merluzzo*	mèrloudzo
Moules	*le cozze*	codzė
Perche	*il pesce persico*	pèchė pèrsico
Poisson	*pesce*	pèchė
Sardines	*le sardine*	sardinė
Saumon	*il salmone*	salmonė
Sole	*la sogliola*	solyola
Thon	*il tonno*	tonno
Tranche de…	*la fetta di…*	fètta di…
Truite	*la trota*	trota
Turbot	*il rombo*	rommbo

Poste • téléphone • Internet

posta • telefono • Internet
posta • tèlèfono • inntèrnèt

Où est le bureau de poste… la boîte aux lettres ?

Dov'è l'ufficio postale… la cassetta delle lettere ?
dov'è l'ouffitcho postalė… la cassètta dèllė lèttėrė ?

Quand **arrivera** cette lettre ?

Quando arriverà questa lettera ?
couanndo arrivèra couèsta lèttèra ?

Je voudrais **consulter** mes e-mails… me connecter à Internet.

Vorrei controllare le mie email… collegarmi a Internet.
vorreï kontrollarė lė miė émėl… collègarmi a inntèrnèt.

Avez-vous du **courrier** pour moi ?

Ha posta per me ?
a posta pèr mė ?

Combien cela **coûte**-t-il ?

Quanto costa ?
couannto costa ?

Je voudrais **envoyer** un télégramme... un fax.

Vorrei mandare un telegramma... un fax.
vorrėï manndarė oun tėlėgramma... oun fax.

Dois-je remplir un **formulaire** ?

Devo riempire una scheda ?
dėvo riėmmpirė ouna skėda ?

Où est le **guichet** ?

Dov'è lo sportello ?
dov'è lo sportėllo ?

Quelles sont les **heures d'ouverture** de la poste ?

Quali sono le ore di apertura dell'ufficio postale ?
couali sono lė orė d'apėrtoura dėll'ouffitcho postalė ?

À quel guichet puis-je toucher un **mandat** ?

A quale sportello posso incassare un vaglia ?
a couałė sportėllo posso incassarė oun valya ?

Pouvez-vous me faire de la **monnaie** ?

Ha da cambiare, per favore ?
a da cammbiarė, pèr favorė ?

Je désire envoyer un **paquet** par avion... en express... en recommandé.

Desidero inviare un pacchetto via aerea... in espresso... in raccomandata.
désidéro innviaré oun pakkétto via aéréa... inn ésprésso... inn raccomanndata.

Allô ! je voudrais **parler** à...

Pronto ! vorrei parlare con...
pronnto ! vorréï parlaré conn...

La lettre **partira**-t-elle aujourd'hui ?

La lettera partirà oggi ?
la léttéra partira odji ?

Quel est le **tarif** par mot ?

Quanto costa a parola ?
couannto costa a parola ?

Où est le **téléphone** ?

Dov'è il telefono ?
dov'é il téléfono ?

À quel guichet vend-on des **timbres**... de collection ?

A che sportello vendono dei francobolli... da collezione.
a ké sportéllo vénndono déi franncobolli... da collétsioné ?

Vocabulaire		
Abonné	*l'abbonato*	abbonato
Adresse	*indirizzo*	inndiritso
Adresse e-mail	*l'indirizzo email*	inndiritso émél
Allô !	*pronto*	pronnto
Annuaire	*l'elenco*	élénnco
Appareil	*l'apparecchio*	apparékkio
Appel	*la chiamata*	kiamata
Arobase	*la chiocciola*	kiotchiola

Attendre	*aspettare*	aspèttarė
Boîte aux lettres	*la cassetta delle lettere*	cassėtta dèllė lèttère
Carte postale	*la cartolina*	cartolina
Communication	*la comunicazione*	comounicadzionė
Coupez pas (ne)	*non interrompa*	inntèrrommpa
Courrier	*la posta*	posta
Courrier électronique	*la posta elettronica*	posta èlèttronica
Cybercafé	*l'internet caffé*	inntèrnèt kafė
Demander	*domandare*	dommandarė
N'entends rien (je)	*non sento niente*	non sènnto niènntė
Envoi	*l'invio*	innvïo
Envoyer	*spedire, mandare*	spèdirė, manndarė
Expéditeur	*il mittente*	mittènntė
Express	*l'espresso*	esprèsso
Facteur	*il postino*	postino
Faux numéro	*il numero sbagliato*	nouméro sbalyato
Fax	*il fax*	fakss
Formulaire	*il formulario*	formoulario
Guichet	*lo sportello*	sportèllo
Lettre	*la lettera*	lèttèra
Levée	*la levata*	lèvata
Ligne	*la linea*	linéa
Mandat	*il vaglia*	valya
Message	*il messaggio*	mèssadjo
Monnaie	*moneta*	monèta
Mot de passe	*il password*	passwod
Numéro	*il numero*	nouméro
Occupé	*occupato*	occoupato
Paquet	*pacchetto*	pakkètto
Par avion	*via aerea*	via aèréa
Partage de fichiers	*condividere di file*	conndividèrė di faïl
P.C.V.	*la rovesciata*	rovèchata
Pièce (monnaie)	*la moneta*	monèta
Poste restante	*il fermo posta*	fèrmo posta
Rappeler	*richiamare*	rikiamarė
Réception	*la ricezione*	ritchètsionė
Recevoir	*ricevere*	ritchèvérė
Recommandés	*le raccomandate*	raccomanndatė
Répondeur	*l'ipsofono*	ipsofono

Réseau	*la rete*	rèté
Tarif	*la tariffa*	tariffa
Taxe	*la tassa*	tassa
Téléphone	*il telefono*	tèlèfono
– public	*– pubblico*	– poubblico
téléphone portable	*il cellulare*	tchèlloularè
Timbres	*i francobolli*	franncobolli
Unité	*unità*	ounita
Urgent (très)	*molto urgente*	molto ourdgènntè
Valeur déclarée	*valore dichiarato*	valorè dikiarato

Souvenirs

souvenirs
souvènir

Où y-a-t-il une **boutique d'artisanat** ?

Dove posso trovare un negozio di artigianato ?
dovè posso trovarè oun nègotsio di artidjanato ?

Cet objet est-il **fait main** ?

Questo oggetto è fatto a mano ?
couèsto odjètto è fatto a mano ?

Quels sont les **objets typiques** de votre région ?

Quali sono gli oggetti tipici della vostra regione ?
couali sono ly odjètti tipitchi dèlla vostra rèdjonè ?

Peut-on **visiter l'atelier** ?

Si può visitare il laboratorio ?
si pouo visitarè il laboratorio ?

Vocabulaire		
Argent	*l'argento*	ardjènnto
Artisanat	*l'artigianato*	artidjanato
Atelier d'artiste	*lo studio d'artista*	stoudio d'artista
Bijoux	*i gioielli*	djoïèlli
Bois	*il legno*	lènyo
Broderie	*il ricamo*	ricamo
Cadeaux	*i regali*	règali
Carte postale	*la cartolina*	cartolina
Cendrier	*il portacenere*	portatchènèrè
Coton	*il cotone*	cotonè
Cuir (objets en)	*cuoio (oggetti di)*	couoïo (odjètti di)
Dessin	*il disegno*	disènyo
Écusson	*lo scudo*	scoudo
Exposition	*la mostra*	mostra
Laine	*la lana*	lana
Miniatures (monuments)	*miniatura (monumenti)*	miniatoura (monumènnti)
Objets typiques	*gli oggetti tipici*	odjètti tipitchi
Osier	*il vimine*	viminè
Peinture (tableau)	*la pittura (quadro)*	pittoura (couadro)
Poterie	*il vasellame*	vassèllamè
Poupée	*la bambola*	bammbola
Sculpture sur bois	*la scultura in legno*	scoultoura inn lènyo
Tapis	*il tappeto*	tappèto
Tissage	*la tessitura*	tèssitoura
Verre soufflé	*il vetro soffiato*	vètro soffiato

Tabac

tabacchi
tabakki

Où puis-je trouver un bureau de tabac ?

Dove posso trovare un tabaccaio ?
dovè posso trovarè oun tabaccaïo ?

Je voudrais une **cartouche**... un paquet de **cigarettes**... américaines... anglaises... françaises.

Vorrei una stecca di... un pacchetto di sigarette... americane... inglesi... francesi.
vorrèï ouna stècca di... oun pakkètto di sigarètté... américané... innglèsi... franntchèsi.

Pouvez-vous **changer** la pierre de mon briquet... **recharger** mon briquet ?

Può cambiare la pietrina dell'accendino... ricaricare il mio accendino ?
pouo cammbiaré la piètrina dèll'atchènndino... ricaricaré il mio atchènndino ?

VOCABULAIRE		
Allumettes	*i fiammiferi*	fiammifèri
Briquet	*l'accendino*	atchènndino
Bureau de tabac	*il negozio di tabacchi*	nègotsio di tabakki
Cartouche	*la stecca*	stècca
Cendrier	*il portacenere*	portatchènéré
Cigares	*i sigari*	sigari
Cigarettes blondes	*le sigarette bionde*	sigarètté bionndé
– brunes	*– brune*	– brouné
Cure-pipe	*lo scovolino*	scovolino
Essence	*la benzina*	bènndzina
Étui	*l'astuccio*	astoutcho
Filtre (avec)	*con filtro*	conn filtro
– (sans)	*senza filtro*	sènntsa filtro
Fume-cigarette	*il bocchino*	bokkino
Mèche	*la miccia*	mitcha
Papier à cigarette	*le cartine per le sigarette*	cartiné pèr lé sigarètté
Paquet	*il pacchetto*	pakkètto

Pierre à briquet	*la pietrina dell'accendino*	piètrina dèll'atchènndino
Pipe	*la pipa*	pipa
Tabac	*il tabacco*	tabacco

Culture • loisirs

Cultes

culti
coulti

Pouvez-vous me dire où se trouve l'**église** la plus proche... la cathédrale ?

Può dirmi dov'è la chiesa più vicina... la cattedrale ?
pouo dirmi dov'é la kiésa piou vitchina... la cattédralé ?

Célèbre-t-on encore des messes dans cette **église** ?

Si celebrano ancora messe in questa chiesa ?
si tchélébrano anncora méssé inn couésta kiésa ?

J'aimerais connaître l'**horaire** des offices.

Vorrei sapere l'orario delle messe.
vorréï sapéré l'orario délle mésse.

À quelle heure l'église est-elle **ouverte** au public ?

A che ora la chiesa è aperta al pubblico ?
a ké ora la kiésa é apérta al poubblico ?

Je cherche un **pasteur**... un **prêtre**... un **rabbin**... parlant français.

Cerco un pastore... un prete... un rabbino... che parli francese.
tchérco oun pastoré... oun prété... oun rabbino... ke parli franntchésé.

Vocabulaire		
Cathédrale	*la cattedrale*	cattèdralè
Catholique	*cattolico*	cattolico
Chapelle	*la cappella*	cappèlla
Chrétien	*cristiano*	cristiano
Communion	*la comunione*	comounionè
Confession	*la confessione*	connfèssionè
Dieu	*dio*	dio
Divin	*divino*	divino
Église	*la chiesa*	kièsa
Juif	*ebreo*	èbréo
Libre penseur	*il libero pensatore*	libèro pènnsatorè
Messe	*la messa*	mèssa
Mosquée	*la moschea*	moskèa
Musulman	*musulmano*	moussoulmano
Office	*l'officio*	offitcho
Orthodoxe	*l'ortodosso*	ortodosso
Païen	*pagano*	pagano
Pasteur	*il pastore*	pastorè
Presbytère	*il presbiterio*	prèsbitèrio
Prêtre	*il prete*	prètè
Prière	*la preghiera*	préguièra
Prophète	*il profeta*	profèta
Protestant	*protestante*	protèstanntè
Quête	*l'elemosina*	èlèmosina
Rabbin	*il rabbino*	rabbino
Religion	*la religione*	rèlidjonè
Saint	*il santo*	sannto
Sermon	*il sermoné*	sèrmonè
Synagogue	*la sinagoga*	sinagoga
Temple	*il tempio*	tèmmpio

Distractions • spectacles

distrazioni • spettacoli
distratsioni • spèttacoli

À quelle heure **commence** le concert... le film... la pièce ?

A che ora comincia il concerto... il film... la piece teatrale ?
a ké ora cominntcha il conntchèrto... il film... la pièce téatralé ?

Combien **coûtent** les places ?

Quanto costano i posti ?
couannto costano i posti ?

Peut-on **danser** toute la nuit dans cette boîte ?

Si può ballare tutta la notte in questo locale ?
si pouo ballaré toutta la notté inn couèsto localé ?

Que **donne**-t-on, ce soir, au cinéma... au théâtre ?

Cosa danno stasera al cinema... al teatro ?
cosa danno stasèra al tchinéma... al téatro ?

Quel est le **groupe**... la troupe qui joue ce soir ?

Qual'è il gruppo... la troupe che recita stasera ?
coualè il grouppo... la troupé ké rètchita stasèra ?

À quelle heure **ouvrent** les boîtes de nuit... cabarets... discothèques ?

A che ora aprono i locali notturni... i cabaret... le discoteche ?
a ké ora aprono i locali nottourni... i cabaré... le discotèké ?

Nous avons besoin d'un **partenaire** pour jouer.

Abbiamo bisogno di un partner per recitare.
abbiamo bisonyo di oun partnèr pèr rètchitaré.

Est-ce un spectacle **permanent** ?

È uno spettacolo permanente ?
è ouno spèttacolo pèrmanènnté ?

Je voudrais une **place**... deux places.

Vorrei un posto... due posti.
vorrèï oun posto... doué posti.

Avez-vous les **programmes** des spectacles ?

Ha i programmi degli spettacoli ?
a i programmi dèly spèttacoli ?

Où peut-on **réserver** des places ?

Dove si possono prenotare i posti ?
dové si possono prénotare i posti ?

Pouvez-vous m'indiquer des **salles de jeux**... le casino ?

Può indicarmi delle sale da gioco... il casinò ?
pouo inndicarmi dèllé salé da djoco... il casino ?

Faut-il une **tenue de soirée** ?

È necessario l'abito da sera ?
è nètchèssario l'abito da sèra ?

Vocabulaire		
Acte	*l'atto*	atto
Acteur	*l'attore*	attoré
Actrice	*l'attrice*	attritché
Amusant	*divertente*	divèrtènnté
Artiste	*l'artista*	artista
Auteur	*l'autore*	aoutoré
Balcon	*il balcone*	balconé

Ballet	*il balletto*	ballètto
Billard	*il bigliardo*	bilyardo
Billet	*il biglietto*	bilyètto
Boîte de nuit	*il locale notturno*	localė nottourno
Bridge	*il bridge*	bridgė
Cabaret	*il cabaret*	cabarė
Cantatrice	*la cantante*	canntanntė
Cartes (jeu de)	*gioco delle carte*	djoco dėllė cartė
Casino	*il casinò*	casino
Chanteur	*il cantante*	canntanntė
Chef d'orchestre	*il direttore d'orchestra*	dirèttorė d'orkèstra
Cinéma en plein air	*il cinema all'aria aperta*	tchinèma all'aria apèrta
– en salle	*il cinema in sala*	tchinèma inn sala
Cirque	*il circo*	tchirco
Comédie	*la commedia*	commèdia
COMPLET	*COMPLETO*	commplèto
Compositeur	*il compositore*	commpositorė
Concert	*il concerto*	conntchèrto
Costumes	*i costumi*	costoumi
Coulisses	*le quinte*	couinntė
Critique	*la critica*	critica
Dames (jeu de)	*la dama*	la dama
Danse	*la danza*	danndza
Danse classique	*la danza classica*	danndza classica
– folklorique	*la danza folkloristica*	danndza folcloristica
Danseur	*il ballerino*	ballèrino
Décor	*lo scenario*	chènario
Dés (jeu de)	*il gioco di dadi*	djoco di dadi
Drame	*il dramma*	dramma
Échecs (jeu d')	*gli scacchi*	skakki
Écouter	*ascoltare*	ascoltarė
Écran	*lo schermo*	skèrmo
ENTRACTE	*INTERVALLO*	inntèrvallo
ENTRÉE	*ENTRATA*	ènntrata
Fauteuil d'orchestre	*la poltrona di platea*	poltrona di platèa
FERMÉ	*CHIUSO*	kiouso
File d'attente	*la fila, la coda*	fila, coda
Gagner	*vincere*	vinntchèrė
Gradin	*il gradino*	gradino

Groupe	*il gruppo*	grouppo
Guichet	*lo sportello*	sportèllo
Hall	*l'entrata*	ènntrata
Intéressant	*interessante*	inntèrèssannté
Jeton	*il gettone*	djettoné
Jeux (maison de)	*la casa da gioco*	casa da djoco
– de hasard	*i giochi d'azzardo*	djoki d'adzardo
Jouer	*giocare*	djocaré
Lecture	*la lettura*	lèttoura
Livret	*il libretto*	librètto
Loge	*la loggia*	lodja
Lyrique	*lirico*	lirico
Marionnette	*la marionetta*	marionètta
MATINÉE	*RECITA DIURNA*	rètchita diourna
Metteur en scène	*il regista*	rèdjista
Musiciens	*i musicisti*	mousitchisti
Opéra	*l'opera*	opèra
Opérette	*l'operetta*	opèrètta
Parterre	*la platea*	platèa
Partie	*la partita*	partita
Perdre	*perdere*	pèrdèré
Permanent	*permanente*	pèrmanènnté
Pièce	*lo spettacolo*	spèttacolo
Pion	*la pedina*	pèdina
Piste	*la pista*	pista
Poulailler	*il loggione*	lodjoné
Programme	*il programma*	programma
Rang	*la fila*	fila
Représentation	*la rappresentazione*	rapprèsènntatsioné
Réservation	*la prenotazione*	prènotatsioné
Réserver	*prenotare*	prènotaré
Revue	*la rivista*	rivista
Rideau	*il sipario*	sipario
Rôle	*il ruolo*	rouolo
Roulette (jeu)	*la roulette*	roulètté
Salle	*la sala*	sala
Scène	*la scena*	chèna
SOIRÉE	*SERATA*	sèrata
Sous-titres	*i sottotitoli*	sottotitoli
Succès	*il successo*	soutchèsso
Tragédie	*la tragedia*	tradjèdia

Vedette	*la vedette*	vèdètté
Version originale	*la versione originale*	vèrsioné oridjinalé

Nature

natura
natoura

Vocabulaire		
Abeille	*l'ape*	apé
Air	*l'aria*	aria
Altitude	*l'altitudine*	altitoudiné
Animal	*l'animale*	animalé
À pic	*a picco*	a picco
Arbre	*l'albero*	albèro
Automne	*l'autunno*	aoutounno
Averse	*l'acquazzone*	acouadzoné
Baie	*la baia*	baïa
Berger	*il pastore*	pastoré
Bœuf	*il bue*	boué
Bois	*il bosco, il legno*	bosco, lènyo
Boisé	*boscoso*	boscoso
Boue	*il fango*	fanngo
Bouleau	*la betulla*	bètoulla
Branche	*il ramo*	ramo
Brouillard	*la nebbia*	nèbbia
Brume	*la bruma*	brouma
Caillou	*il sasso*	sasso
Calcaire	*il calcare*	calcaré
Campagne	*la campagna*	cammpanya
Carrefour	*l'incrocio*	inncrotcho
Cascade	*la cascata*	cascata
Cerisier	*il ciliegio*	tchilièdjo
Champignons	*i funghi*	founngui
Champ	*il campo*	cammpo
Château	*il castello*	castèllo
Chemin	*il camino, sentiero*	camino, sènntièro
Chêne	*la quercia*	couèrtcha
Cheval	*il cavallo*	cavallo

Chien de berger	*il cane da pastore*	canė da pastorė
CHIEN MÉCHANT	*CANE FEROCE*	– fėrotchė
Ciel	*il cielo*	tchėlo
Clair	*chiaro*	kiaro
Climat	*il clima*	clima
Colline	*la collina*	collina
Coq	*il gallo*	gallo
Côte	*la costa*	costa
Coucher de soleil	*il tramonto*	tramonnto
Cueillir	*raccogliere*	raccolyėrė
DANGER	*PERICOLO*	pėricolo
Dangereux	*pericoloso*	pėricoloso
Dégel	*il disgelo*	disjėlo
Désert	*il deserto*	dėsėrto
Eau potable	*l'acqua potabile*	acoua potabilė
– non potable	*– non potabile*	– nonn potabilė
Éclair	*il lampo*	lammpo
Environs (les)	*i dintorni*	dinntorni
Épine	*la spina*	spina
Est	*l'est*	ėst
Étang	*lo stagno*	stanyo
Été	*l'estate*	ėstatė
Étoile	*la stella*	stėlla
Falaise	*la scogliera, la falesia*	scolyėra, falėsia
Ferme	*la fattoria*	fattoria
Feuille	*la foglia*	folya
Fleur	*il fiore*	fiorė
Fleurs (en)	*in fiore*	inn fiorė
Foin	*il fieno*	fiėno
Forêt	*la foresta*	forėsta
Fourmi	*la formica*	formica
Froid	*freddo*	frėddo
Gelée	*la gelata*	djėlata
Glace	*il ghiaccio*	guiatcho
Glissant	*scivoloso*	chivoloso
Grotte	*la grotta*	grotta
Guêpe	*la vespa*	vėspa
Haie	*l'aia*	aïa
Hauteur	*l'altezza*	altėtsa
Hiver	*l'inverno*	innvėrno

Horizon	*l'orizzonte*	oridzonnté
Humide	*umido*	oumido
Inoffensif	*inoffensivo*	inoffènnsivo
Insecte	*l'insetto*	innsètto
Lac	*il lago*	lago
Lave (volcan)	*la lava*	lava
Lever du soleil	*il sorgere del sole*	sordjèrè dèl solè
Lumière	*la luce*	loutché
Marécage	*la palude*	paloudé
Mer	*il mare*	maré
Montagne	*la montagna*	monntanya
Montagneux	*montagnoso*	monntanyoso
Morsure	*il morso*	morso
Mouche	*la mosca*	mosca
Moustique	*la zanzara*	dzanndzara
Mouton	*la pecora*	pècora
Neige	*la neve*	nèvé
Nord	*il nord*	nord
Nuage	*la nuvola*	nouvola
Océan	*l'oceano*	otchèano
Oiseau	*l'uccello*	outchèllo
Olivier	*l'olivo*	olivo
Ombre	*l'ombra*	ommbra
Orage	*il temporale*	tèmmporalé
Oranger	*l'arancio*	aranntcho
Ortie	*l'orticha*	ortika
Ouest	*l'ovest*	ovèst
Palmier	*la palma*	palma
Paysage	*il paesaggio*	paèsadjo
Pierre	*la pietra*	piètra
Pin	*il pino*	pino
Piqûre	*la puntura*	pounntoura
Plage	*la spiaggia*	spiadja
Plaine	*la pianura*	pianoura
Plantes	*le piante*	piannté
Plat	*piatto*	piatto
Pluie	*la pioggia*	piodja
Pommier	*il melo*	mèlo
Port	*il porto*	porto
Pré	*il prato*	prato
Précipice	*il precipizio*	prètchipitsio
Printemps	*la primavera*	primavèra

Proche	*vicino*	vitchino
Promenade	*la passeggiata*	passėdjata
PROPRIÉTÉ PRIVÉE	*PROPRIETÀ PRIVATA*	propriėta privata
Rivière	*la riviera*	riviėra
Rocher	*la roccia*	rotcha
Ruisseau	*il ruscello*	rouchėllo
Sable	*la sabbia*	sabbia
Sapin	*il pino*	pino
Sec	*secco*	sėcco
Serpent	*il serpente*	sėrpėnntė
Soleil	*il sole*	solė
Sommet	*la sommità*	sommita
Source	*la sorgente*	sordjėnntė
Sud	*il sud*	soud
Température	*la temperatura*	tėmmpėratoura
Tempête	*la tempesta*	tėmmpėsta
Temps	*il tempo*	tėmmpo
Tonnerre	*il tuono*	touono
Torrent	*il torrente*	torrėnntė
Troupeau	*il gregge*	grėdjė
Vache	*la mucca, la vacca*	moucca, vacca
Vallée	*la vallata*	vallata
Vénéneux	*velenoso*	vėlėnoso
Versant	*il versante*	vėrsanntė
Volcan	*il vulcano*	voulcano

Sports

sport
sport

Où peut-on pratiquer l'équitation... le golf... la natation... le surf... le tennis... la voile ?

Dove si può praticare l'equitazione... il golf... il nuoto... il surf... il tennis... la vela ?
dovė si pouo praticarė l'ėcouitatsionė... il golf... il nouoto... il sourf... il tennis... la vela ?

Je voudrais **assister à un match** de... où a-t-il lieu ?

Vorrei assistere a una partita di... dove avrà luogo ?
vorrèï assistèrè a ouna partita di... dovè avra louogo ?

Où faut-il acheter les **billets**... réserver ?

Dove si possono acquistare i biglietti... prenotare ?
dovè si possono acouistarè i bilyètti... prènotarè ?

Quel est le prix de l'**entrée** ?

Qual'è il prezzo d'entrata ?
coual'è il prèdzo d'ènntrata ?

Quelles sont les **équipes** ?

Di che squadre si tratta ?
di kè scouadrè si tratta ?

Quelles sont les **formalités** à remplir pour obtenir **le permis de chasse... de pêche** ?

Quali sono le formalità da espletare per ottenere il permesso di caccia... di pesca ?
couali sono lè formalita da èsplètarè pèr ottènèrè il pèrmesso di catcha... di pèsca ?

Pouvez-vous m'indiquer les **heures d'ouverture** ?

Può indicarmi le ore d'apertura ?
pouo inndicarmi lè orè d'apèrtoura ?

J'aimerais prendre des **leçons**.

Mi piacerebbe prendere delle lezioni.
mi piatchèrèbbè prènndèrè dèllè lètsioni.

Où peut-on **louer... l'équipement** nécessaire ?

Dove si può noleggiare l'equipaggiamento necessario ?
dovė si pouo noledjarė l'ėcouipadjamėnnto nėtchėssario ?

Peut-on **nager sans danger** dans cette rivière... le long de cette plage ?

Si può nuotare senza pericolo in questo fiume... su questa spiaggia ?
si pouo nouotarė sėnntsa pėricolo inn couėsto fioumė... sou couėsta spiadja ?

Y a-t-il une **patinoire** ?

C'è un'area di pattinaggio ?
tchė oun'arėa di pattinadjo ?

Où peut-on **pêcher** ?

Dove si può pescare ?
dovė si pouo pėscarė ?

Y a-t-il des **pistes** pour toutes les catégories de **skieurs** ?

Ci sono delle piste per tutte le categorie di sciatori ?
tchi sono dėllė pistė pėr touttė lė catėgoriė di chiatori ?

Quelles sont les **prévisions météorologiques** ?

Quali sono le previsioni meteorologiche ?
couali sono le prėvisioni mėtėorolodjikė ?

Quels sont les **prix** à l'heure... à la demi-journée... à la journée... à la semaine ?

Quali sono i prezzi all'ora... per una mezza giornata... per un giorno... alla settimana ?

couali sono i prèdzi all'ora... pèr ouna mèdza djornata... pèr oun djorno... alla sèttimana ?

Je voudrais faire une **randonnée** en montagne.

Vorrei fare un'escursione in montagna.
vorrèï farè oun'èscoursionè inn montanya.

Comment peut-on **rejoindre les pistes** ?

Come si può andare sulle piste ?
comè si pouo anndarè soullè pistè ?

Le match est-il **retransmis à la télévision** ?

La partita è ritrasmessa alla televisione ?
la partita è ristrasmèssa alla tèlèvisionè ?

Vocabulaire		
Arbitre	*l'arbitro*	arbitro
Articles de sport	*gli articoli di sport*	articoli di sport
Athlétisme	*l'atletica leggera*	atlètica lèdjèra
Balle	*la palla*	palla
Ballon	*il pallone*	pallonè
Basket-ball	*la pallacanestro*	pallacanèstro
Bicyclette	*la bicicletta*	bitchiclètta
Boxe	*la boxe*	box
But	*il gol*	gol
Canne de golf	*la canna da golf*	canna da golf
Championnat	*il campionato*	cammpionato
Chronomètre	*il cronometro*	cronomètro
Corner	*il corner*	cornèr
Course	*la corsa*	corsa
Cyclisme	*il ciclismo*	tchiclismo
Deltaplane	*il deltaplano*	dèltaplano
Disqualification	*la squalifica*	scoualifica
Entraînement	*l'allenamento*	allènamènnto
Équipe	*la squadra*	scouadra

Escrime	*la scherma*	skèrma
Essai	*la prova*	prova
Finale	*la finale*	finalé
Football	*il calcio*	caltcho
Gagner	*vincere*	vinntchèré
Golf	*il golf*	golf
Golf miniature	*il mini-golf*	mini-golf
Haltères	*il manubrio*	manoubrio
Hippodrome	*l'ippodromo*	ippodromo
Hockey sur gazon	*hockey sull'erba*	hockey soull'èrba
– sur glace	*– sul ghiaccio*	– soul guiatcho
Hors jeu	*il fuori gioco*	fouori djoco
Jeux Olympiques	*le Olimpiadi*	olimmpiadi
Jouer	*giocare*	djocaré
Joueur	*il giocatore*	djocatoré
Lancer	*lanciare*	lanntcharé
Lutte	*la lotta*	lotta
Marathon	*la maratona*	maratona
Marche	*la marcia*	martcha
Marquer un but	*fare un gol*	faré oun gol
Match	*la partita*	partita
Mi-temps	*primo tempo / secondo tempo*	primo tèmmpo / sèconndo tèmmpo
Motocyclisme	*il motociclismo*	mototchiclismo
Panier	*il canestro*	canèstro
Parier	*scommettere*	scommèttèré
Penalty	*rigore*	rigoré
Perdre	*perdere*	pèrdèré
Ping-pong	*ping-pong*	ping-pong
Piste	*la pista*	pista
Point	*il punto*	pounnto
Randonnée	*la excursione*	eskoursioné
Record	*il record*	rècord
Ring	*il ring, l'arena*	rinng, arèna
Rugby	*il rugby*	rugby
Saut	*il salto*	salto
Shoot	*il tiro*	tiro
Stade	*lo stadio*	stadio
Terrain de football	*campo di calcio*	cammpo di caltcho
– de golf	*– di golf*	– di golf
Touche	*la rimessa*	rimèssa

Trou	*il buco*	bouco
Vélodrome	*il velodromo*	vèlodromo
Victoire	*la vittoria*	vittoria
Vol à voile	*il volo a vela*	volo a vèla
VTT	*il mountain bike*	maountëin baïke

Chasse

caccia
catcha

Vocabulaire		
Affût	*l'agguato*	aggouato
Armurerie	*l'armeria*	armèria
Balle	*la pallottola*	pallottola
Bottes	*gli stivali*	stivali
Carabine	*la carabina*	carabina
Cartouche	*la cartuccia*	cartoutcha
CHASSE GARDÉE	*RISERVA DI CACCIA*	risèrva di catcha
CHASSE INTERDITE	*CACCIA PROIBITA*	catcha proïbita
Chasseur	*il cacciatore*	catchatoré
Chien de chasse	*il cane da caccia*	cané da catcha
Fermée	*chiusa*	kiousa
Fusil	*il fucile*	foutchilé
Garde-chasse	*il guardiacaccia*	gouardiacatcha
Gibecière	*il carniere*	carnièré
Gibier à plume	*la selvaggina a piume*	sèlvadjina a pioumé
Gibier à poil	*– a pelo*	– a pèlo
Lunette (fusil)	*il cannocchiale*	cannokialé
Meute	*la muta*	mouta
Ouverte	*aperta*	apèrta
Permis de chasse	*il permesso di caccia*	pèrmèsso di catcha
Réserve	*la riserva*	risèrva
Sécurité (d'une arme)	*la sicura*	sicoura
Tirer	*sparare*	spararé
Veste de chasse	*la giacca da caccia*	djacca da catcha

Équitation

equitazione
ècouitatsionė

Vocabulaire		
Antérieurs (les)	*gli anteriori*	anntériori
Assiette	*la posizione*	positsionė
Bombe	*il berretto*	il bèrrètto
Bottes	*gli stivali*	stivali
Bouche	*la bocca*	bocca
Bride	*le briglie*	brilyé
Cabrer	*impennare*	immpénnarė
Cheval	*il cavallo*	cavallo
Concours hippique	*il concorso ippico*	conncorso ippico
Course d'obstacle	*la corsa a ostacoli*	corsa a ostacoli
Cravache	*la frusta*	frousta
Dos	*la schiena*	skièna
Écuyer	*lo scudiere*	scoudièrė
Encolure	*il collo*	collo
Éperons	*gli speroni*	spéroni
Étriers	*le staffe*	staffė
Galop	*il galoppo*	galoppo
Garrot	*il garrese*	garrèsė
Jument	*la giumenta*	djoumènnta
Longe	*la cavezza*	cavètsa
Manège	*il maneggio*	manèdjo
Mors	*il morso*	morso
Obstacle	*l'ostacolo*	ostacolo
Parcours	*il percorso*	pèrcorso
Pas	*il passo*	passo
Polo	*il polo*	polo
Poney	*il pony*	pony
Postérieurs (les)	*i posteriori*	postériori
Promenade à cheval	*la passeggiata a cavallo*	passèdjata a cavallo
Rênes	*le redini*	rèdini
Robe	*il vestito*	vèstito
Ruer	*tirar calci*	tirar caltchi
Sabots	*gli zoccoli*	dzoccoli

Sangle	*la cinghia*	tchinnguia
Sauter	*saltare*	saltarè
Selle	*la sella*	sèlla
Tapis de selle	*tappeto di sella*	tappèto di sèlla
Trot	*trotto*	trotto

Montagne

montagna
monntanya

Vocabulaire		
Alpinisme	*l'alpinismo*	alpinismo
Anorak	*la giacca a vento*	djacca a vènnto
Ascension	*l'ascensione*	achènnsionè
Avalanche	*valanga*	valannga
BARRIÈRE DE DÉGEL	*BARRIERA DI SGELO*	barrièra di sdjèlo
Bâtons	*le racchette*	rakèttè
Bivouac	*il bivacco*	bivacco
Brouillard	*la nebbia*	nèbbia
Chute	*la caduta*	cadouta
Corde	*la corda*	corda
Cordée	*la cordata*	cordata
Couloir	*il corridoio, canalone*	corridoïo, canalonè
Crampons	*i ramponi*	rammponi
DANGER	*PERICOLO*	pèricolo
Dégel	*lo sgelo*	sdjèlo
Dérapage	*lo slittamento*	slittamènnto
Escalade	*la scalata*	skalata
Excursion	*l'escursione*	escoursionè
Fondre	*fondere*	fonndèrè
Funiculaire	*la funivia*	founivia
Gelé	*ghiacciato*	guiatchato
Glace	*il ghiaccio*	guiatcho
Glacier	*il ghiacciaio*	guiatchaïo
Grimper	*arrampicarsi*	arrammpicarsi
Guide	*la guida*	gouida
Halte	*la sosta*	sosta
Leçon	*la lezione*	lètsionè

Louer	*affittare*	affittarė
Luge	*la slitta*	slitta
Moniteur	*il maestro*	maėstro
Montée	*la salita*	salita
Mousqueton	*il moschettone*	moskėttonė
Neige	*la neve*	nėvė
– gelée	*– gelata*	– djėlata
– poudreuse	*– fresca* ou *vergine*	– frėsca *ou* vėrdjinė
Névé	*il nevaio*	nėvaïo
Patinage	*il pattinaggio*	pattinadjo
Patinoire	*la pista di pattinaggio*	pista di pattinadjo
Patins	*i pattini*	pattini
Piolet	*la piccozza*	piccodza
Piste	*la pista*	pista
Piton	*il chiodo • il picco*	kiodo • picco
Pluie	*la pioggia*	piodja
Porte (slalom)	*la porta (slalom)*	porta
Rappel	*scendere con corda doppia*	chėnndėrė conn corda doppia
Ravin	*il precipizio*	prėtchipitsio
Redoux	*il disgelo*	disdjėlo
Refuge	*il rifugio*	rifoudjo
Roche	*la roccia*	rotcha
Sac à dos	*lo zaino*	dzaïno
Sentier	*il sentiero*	sėnntiėro
Ski alpin	*sci di discesa*	chi di dichėsa
– de fond	*– di fondo*	– di fonndo
Skis	*gli sci*	chi
Sommet	*il picco*	picco
Station de sport d'hiver	*la stazione di sci*	statsionė di chi
Surplomb	*lo strapiombo*	strapiommbo
Téléférique	*la teleferica*	tėlėfėrica
Télésiège	*il seggiovià*	sėdjiovïa
Téléski	*il sciovià*	chiovïa
Température	*la temperatura*	tėmmpėratoura
Tempête de neige	*la tempesta di neve*	tėmmpėsta di nėvė
Tente	*la tenda*	tėnnda
Torrent	*il torrente*	torrėnntė
Traces	*le tracce*	tratchė

Traîneau	*la slitta*	slitta
Tremplin	*il trampolino*	trammpolino
Vallée	*la valle*	vallé

Sports nautiques • pêche

sport nautici • pesca
sport naoutitchi • pèsca

Vocabulaire		
Accastillage	*accastellamento*	accastèllamènnto
Amarrer	*ammarare*	ammararé
Anneau	*l'anello*	anèllo
Appât	*l'esca*	èsca
Articles de pêche	*gli articoli da pesca*	articoli da pèsca
BAIGNADE INTERDITE	*DIVIETO DI BALNEAZIONE*	diviéto di balnéatsioné
Barque	*la barca*	barca
Barre (direction)	*la barra del timone*	barra dèl timoné
Bassin	*il bacino*	batchino
Bateau à moteur	*il battello a motore*	battèllo a motoré
– à rames	*– a remi*	– a rèmi
– à voiles	*– a vela*	– a véla
Bottes	*gli stivali*	stivali
Bouée	*la boa*	boa
Brasse	*a rana*	a rana
Cabine	*la cabina*	cabina
Canne à pêche	*la canna da pesca*	canna da pèsca
Canoë	*la canoa*	canoa
Canot	*il canotto*	canotto
Ceinture de sauvetage	*il salvagente*	salvadjènnté
Combinaison de plongée	*la tuta subacquea*	touta soubacouéa
Courant	*la corrente*	corrènnté
Crawl	*lo stile libero*	stilé libèro
Croisière	*la crociera*	crotchèra
DANGER	*PERICOLO*	pèricolo
Dérive	*la deriva*	dèriva

Eau (point d')	*acqua*	acoua
Embarcadère	*l'imbarcadero*	immbarcadèro
Étang	*lo stagno*	stanyo
Filet de pêche	*la rete da pesca*	rètè da pèsca
Flèche	*la freccia*	frètcha
Flotteur	*il galleggiante*	gallèdjanntè
Foc	*il fiocco*	fiocco
Fusil	*il fucile*	foutchilè
Gouvernail	*il timone*	timonè
Hameçon	*l'amo*	amo
Harpon	*l'arpione*	arpionè
Hélice	*l'elica*	èlica
Hors-bord	*il fuori-bordo*	fouori-bordo
Jetée	*la diga*	diga
Lac	*il lago*	lago
Ligne	*la lenza*	lènntsa
Louer	*affittare*	affitarè
Maillot de bain	*il costume da bagno*	costoumè da banyo
Maître nageur	*il maestro di nuoto*	maèstro di nouoto
Marée basse	*la bassa marea*	bassa marèa
– haute	*l'alta marea*	alta marèa
Masque	*la maschera*	maskèra
Mât	*l'albero maestro*	albèro maèstro
Mer	*il mare*	marè
Météo	*la meteorologia*	mètèorolodjia
Moniteur	*il maestro*	maèstro
Mordre (ça mord)	*mordere (mordono)*	mordèrè (mordono)
Mouillage	*l'ormeggio*	ormèdjo
Moulinet	*il mulinello*	mulinèllo
Nage sur le dos	*il nuoto sul dorso*	nouoto soul dorso
Natation	*il nuoto*	nouoto
Palmes	*le pinne*	pinnè
PÊCHE INTERDITE	*DIVIETO DI PESCA*	divièto di pèsca
Pédalo	*il moscone*	moscone
Permis de pêche	*il permesso di pesca*	pèrmèsso di pèsca
Pied (avoir)	*toccare*	toccarè
Piscine	*la piscina*	pichina
Plage	*la spiaggia*	spiadja
Planche à voile	*la tavola a vela*	tavola a vèla
– de surf	*– da surf*	– da sourf
Plombs	*i piombi*	piommbi

Plongée	*l'immersione*	immérsioné
Plongeon	*il tuffo*	touffo
Poisson	*il pesce*	péché
Pont	*il ponte*	ponnté
Port	*il porto*	porto
Quai	*la banchina*	bannkina
Quille	*il birillo*	birillo
Rames	*i remi*	rémi
Rive	*la riva*	riva
Rivière	*la riviera*	riviéra
Sable	*la sabbia*	sabbia
Safran (gouvernail)	*la pala*	pala
Ski nautique	*lo sci nautico*	chi naoutico
Station balnéaire	*stazione balneare*	statsioné balnéaré
Température	*la temperatura*	témmpératoura
Tempête	*la tempesta*	témmpésta
Vague	*l'onda*	onnda
Vent	*il vento*	vénnto
Voile	*la vela*	véla
Yacht	*lo yacht, il panfilo*	yott, pannfilo

Tennis

tennis
ténnis

Vocabulaire		
Balle	*la palla*	palla
Chaussures de tennis	*le scarpe da tennis*	scarpé da ténnis
Classement	*la classifica*	classifica
Couloir	*il corridoio*	corridoïo
Coup droit	*il colpo dritto*	colpo dritto
Court de tennis	*il campo da tennis*	cammpo da ténnis
Double	*il doppio*	doppio
Faute	*l'errore*	érroré
Filet	*la rete*	rété
Jeu	*il gioco*	djoco
Jouer au tennis	*giocare a tennis*	djocaré a ténnis

Leçon	*la lezione*	lètsionè
Match	*la partita*	partita
– nul	*– pari*	– pari
Partenaire	*il compagno di gioco*	commpanyo di djoco
Raquette	*la racchetta*	rakkètta
Revers	*il rovescio*	rovècho
Service	*il servizio*	sèrvitsio
Short	*i pantaloncini corti*	panntalonntchini corti
Simple	*semplice, simple*	sèmmplitchè, simmplè
Smash	*lo smash, la schiacciata*	smash, skiatchata
Tension des cordes	*la tension delle corde*	tènnsionè dèllè cordè
Volée	*la volée*	volè

Visites touristiques • musées • sites

visite turistiche • musei • siti
visitè touristikè • mousèï • siti

Où se trouve l'Office du tourisme ?

Dov'è l'ente per il turismo ?
dov'è l'ènntè pèr il tourismo ?

Combien coûte la visite ?

Quanto costa la visita ?
couannto costa la visita ?

De quelle **époque** date-t-elle (il) ?

Di che epoca è ?
di kè època è ?

Quelles sont les **heures d'ouverture** ?

Quali sono le ore d'apertura ?
couali sono lè orè d'apèrtoura ?

Quels sont les **lieux visités** au cours du circuit ?

Quali sono i luoghi visitati lungo il circuito ?
couali sono i louogui visitati lounngo il tchircouito ?

Peut-on prendre des **photos** ?

Si può fotografare ?
si pouo fotografarė ?

Avez-vous un **plan de la ville**... des environs ?

Ha una pianta della città... dei dintorni ?
a ouna piannta dėlla tchitta... dėï dinntorni ?

Quelle (quel) est cette église... ce monument... ce tableau ?

Come si chiama questa chiesa... questo monumento... questo quadro ?
comė si kiama couėsta kiėsa... couėsto monouménnto... couėsto couadro ?

Qui en est l'architecte... le peintre... le sculpteur ?

Chi è l'architetto... il pittore... lo scultore ?
ki ė l'arkitėtto... il pittorė... lo scoultorė ?

Combien de **temps dure la visite** ?

Quanto tempo dura la visita ?
couannto témmpo doura la visita ?

Où se **trouve** le musée... la cathédrale... le monastère... l'exposition ?

Dov'è il museo... la cattedrale... il monastero... l'esposizione ?
dov'ė il mousėo... la cattėdralė... il monastėro... l'ėspositsionė ?

Quelle **visite** nous conseillez-vous ?

Che visita ci consiglia ?
ké visita tchi connsilya ?

Y a-t-il une **visite organisée** ?

C'è una visita organizzata ?
tché ouna visita organidzata ?

Je **voudrais visiter la vieille ville**... le port.

Vorrei visitare la città vecchia... il porto.
vorréï visitaré la tchitta vékia... il porto.

Vocabulaire		
Abbaye	*l'abbazia*	abbadzia
Abside	*l'abside*	absidé
Ancien	*antico*	anntico
Baroque	*barocco*	barocco
Bâtiment	*l'edificio*	édifitcho
Bibliothèque	*la biblioteca*	bibliotéca
Billet	*il biglietto*	bilyétto
Cascade	*la cascata*	cascata
Cathédrale	*la cattedrale*	cattédralé
Centre ville	*il centro città*	tchénntro tchitta
Chef-d'œuvre	*il capolavoro*	capolavoro
Cimetière	*il cimitero*	tchimitéro
Circuit	*il circuito*	tchircouito
Colonne	*la colonna*	colonna
Croix	*la croce*	crotché
Crypte	*la cripta*	cripta
Curiosité	*la curiosità*	couriosita
Dessin	*il disegno*	disénio
Dôme	*il duomo*	douomo
Douves	*il fossato*	fossato
Église	*la chiesa*	kiésa
Entrée	*l'entrata*	énntrata
ENTRÉE LIBRE	*ENTRATA LIBERA*	énntrata libéra
Environs	*i dintorni*	dinntorni
Exposition	*l'esposizione*	éspositsioné
Façade	*la facciata*	fatchata

Fontaine	*la fontana*	fonntana
Fort	*il forte*	forté
Fresque	*l'affresco*	affrèsco
Gothique	*gotico*	gotico
Gratte-ciel	*il grattacielo*	grattatchèlo
Gravure	*l'incisione*	intchisione
Guide	*la guida*	gouida
Hôtel de ville	*il municipio*	mounitchipio
Jardin	*il giardino*	djardino
– botanique	*– botanico*	– botanico
– zoologique	*lo zoo*	dzoo
Marché	*il mercato*	mèrcato
Miniature	*la miniatura*	miniatoura
Monastère	*il monastero*	monastèro
Monument	*il monumento*	monoumènnto
Moyen Âge	*il medioevo*	médioèvo
Musée	*il museo*	mousèo
Nef	*la navata*	navata
Observatoire	*l'osservatorio*	ossèrvatorio
Palais	*il palazzo*	paladzo
Parc	*il parco*	parco
Peintre	*il pittore*	pittoré
Peinture	*la pittura*	pittoura
Pilier	*il pilastro*	pilastro
Place	*la piazza*	piadza
Pont	*il ponte*	ponnté
Port	*il porto*	porto
Remparts	*le mura*	moura
Renaissance	*il Rinascimento*	rinachimènnto
Roman (style)	*lo stile romanico*	stilé romanico
Rosace	*il rosone*	rosoné
Ruelle	*la stradina/viuzza*	stradina/vioudza
Ruines	*le rovine*	roviné
Salle	*la sala*	sala
Sculpteur	*lo scultore*	scoultoré
Sculpture	*la scultura*	scoultoura
Siècle	*il secolo*	sècolo
Statue	*la statua*	statoua
Style	*lo stile*	stilé
Tableau	*il quadro*	couadro
Tour	*la torre*	torré

Vieille ville	*la città vecchia*	tchitta vèkkia
Visite	*la visita*	visita
– guidée	*– guidata*	– gouidata

Dictionnaire

À *a.*
Abaisser *abbassare.*
Abandonner *abbandonare.*
Abbaye *abbazia.*
Abcès *ascesso.*
Abeille *ape.*
Abîmer *danneggiare.*
Abonner (s') *abbonare (rsi).*
Abord (d') *innanzitutto.*
Abri *rifugio.*
Abriter *riparare, proteggere.*
Absent *assente.*
Absolument *assolutamente.*
Abstenir *astenere.*
Absurde *assurdo.*
Abus *abuso.*
Abuser *abusare.*
Accélérer *accellerare.*
Accent *accento.*
Accepter *accettare.*
Accessoire *accessorio.*
Accident *incidente.*
Accompagner *accompagnare.*
Accord *accordo.*
Accrocher *appendere.*
Accueil *accoglienza.*
Acheter *comprare.*
Acompte *acconto.*
Acquérir *acquistare.*
Action *azione.*
Activité *attività.*
Addition *addizione, conto.*
Adieu *addio.*
Admettre *ammettere.*
Administrateur *amministratore.*
Admirer *ammirare.*
Adresse *indirizzo.*
Adresser *indirizzare.*
Adroit *destro, accorto.*
Adulte *adulto.*
Adversaire *avversario.*
Aération *aerazione.*
Aéroport *aeroporto.*
Affaiblir *indebolire.*
Affaire *affare.*
Affranchir *liberare.*
Affreux (euse) *orrendo (a).*
Âge *età.*
Agence *agenzia.*
Agent *agente.*
Aggravation *aggravamento.*
Agir *agire.*
Agrandir *ingrandire.*
Agréable *piacevole.*
Agrément *gradimento.*
Aide *aiuto.*
Aigre *aspro.*
Aiguille *ago.*
Ailleurs *altrove.*
Aimable *amabile.*
Aimer *amare.*
Aîné *maggiore.*
Ainsi *così.*
Air *aria.*

Ajouter *aggiungere.*
Alcool *(méd.)* *alcole,* *(boisson)* *liquore.*
Alentour *dintorni.*
Aliment *alimento, cibo.*
Aliter *rimanere a letto.*
Aller *andare.*
Aller et retour *andata e ritorno.*
Allonger *allungare.*
Allumer *accendere.*
Alors *allora.*
Altitude *altitudine.*
Amabilité *amabilità.*
Ambassade *ambasciata.*
Ambulance *ambulanza.*
Améliorer *migliorare.*
Amener *portare.*
Ami(e) *amico (a).*
Ampoule *lampadina,* *(méd.)* *vescica.*
Amusant *divertente.*
Amuser (s') *divertire (rsi).*
Ancêtres *antenati.*
Ancien *antico, vecchio.*
Angoisse *angoscia.*
Animal *animale.*
Année *anno.*
Anniversaire *compleanno.*
Annonce *annuncio.*
Annuler *annullare.*
Antérieur *anteriore.*
Antidote *antidoto.*
Antiquaire *antiquario.*
Août *agosto.*
Apparaître *apparire.*
Appareil *apparecchio.*
Appareil photo numérique *macchina fotografica digitale.*
Appeler *chiamare.*
Appendicite *appendicite.*
Appétit *appetito.*
Bon appétit ! *buon appetito.*
Apprécier *godere, fuire.*
Appui *appoggio.*
Appuyer (s') *appoggiare (rsi).*
Après *dopo.*
À propos *a proposito.*
Araignée *ragno.*
Arbre *albero.*
Argent *(monnaie)* *denaro,* *(métal)* *argento.*
Argument *argomento.*
Aride *arido.*
Arme *arma.*
Arrêt *sosta, arresto,* *(train, bus)* *fermata.*
Arrêter (s') *fermare (rsi).*
Arrière (à l') *indietro (all').*
Arriver *arrivare.*
Art *arte.*
Ascenseur *ascensore.*
Asseoir (s') *sedere (rsi).*
Assez *abbastanza.*
Assiette *piatto.*

Assurer *assicurare.*
Assurance *assicurazione.*
Attaque *attacco.*
Atteindre *colpire, investire.*
Attendre *attendere, aspettare.*
Attente *attesa.*
Atterrir *atterrare.*
Attestation *attestato.*
Attestation d'assurance *certificato d'assicurazione.*
Attitude *attitudine, comportamento.*
Auberge *albergo.*
Auberge de la jeunesse *ostello della gioventù.*
Aucun *alcuno, nessuno.*
Au-dedans *dentro.*
Au-dehors *fuori.*
Au-delà *al di là.*
Au-dessous *sotto.*
Au-dessus *sopra.*
Au-devant *davanti.*
Augmentation *aumento.*
Aujourd'hui *oggi.*
Auparavant *prima.*
Aussi *anche.*
Aussitôt *immediatamente.*
Autant *altrettanto.*
Authentique *autentico.*
Autobus *autobus.*
Automne *autunno.*
Autoriser *autorizzare.*
Autorité *autorità.*
Autoroute *autostrada.*
Autour *attorno.*
Autre *altro.*
Avalanche *valanga.*
Avaler *ingoiare.*
Avance *vantaggio, anticipo.*
Avant *avanti, prima.*
Avantageux *vantaggioso.*
Avant-hier *l'altro ieri.*
Avec *con.*
Avenir *avvenire, futuro.*
Aventure *avventura.*
Averse *acquazzone.*
Avertir *avvertire.*
Aveugle *cieco.*
Avion *aereo.*
Avis *avviso.*
Avocat *avvocato.*
Avril *aprile.*

Bâbord *babordo.*
Bac *traghetto, barca.*
Bâche *tendone, telone.*
Bagage *bagaglio.*
Bague *anello.*
Baignade *balneazione.*
Baigner *bagnare.*
Bain *bagno.*
Baiser *bacio.*
Baisse *bassa, ribasso.*
Baisser (se) *abbassare (rsi).*
Balade *passeggiata.*
Balai *scopa.*

Balance *bilancia.*
Balayer *scopare.*
Ballon *pallone.*
Balnéaire *balneare.*
Balustrade *balaustrata.*
Banc *banco.*
Bandage *fasciatura.*
Banlieue *periferia.*
Banque *banca.*
Barbe *barba.*
Barque *barca.*
Barrage *diga.*
Barre *sbarra.*
Bas *basso,* (vêt.) *calza.*
Baser *basare.*
Bassin *bacino.*
Bas-ventre *inguine, basso ventre.*
Bataille *battaglia.*
Bateau *battello.*
Bâtiment *edificio.*
Bâtir *costruire.*
Bâton *bastone.*
Battre *battere.*
Baume *balsamo.*
Bavard *chiacchierone.*
Beau *bello.*
Beaucoup *molto.*
Beau-fils *genero.*
Beau-frère *cognato.*
Beau-père *suocero.*
Beauté *bellezza.*
Bébé *bimbo, bambino, bébé.*
Beige *crema.*
Belle-fille *nuora.*
Belle-mère *suocera.*
Belle-sœur *cognata.*
Belvédère *terrazza, altana.*
Bénéfice *beneficio.*
Bénévole *benevolo, volontario.*
Bénir *benedire.*
Besoin *bisogno.*
Avoir besoin *aver bisogno.*
Bétail *bestiame.*
Bête *bestia.*
Beurre *burro.*
Bicyclette *bicicletta.*
Bien *bene.*
Bientôt *presto.*
Bienvenu(e) *benvenuto (a).*
Bière *birra.*
Bifurcation *biforcazione, bivio.*
Bijou *gioiello.*
Bijoutier *gioielliere.*
Billet *biglietto.*
Biscotte *fetta biscottata.*
Bistrot *bar.*
Blanc(he) *bianco (a).*
Blanchir *imbiancare.*
Blanchisserie *lavanderia.*
Blé *grano.*
Blesser *ferire.*
Bleu *blu.*
Bobine *bobina.*

Bœuf *bue, manzo,*
(boucherie) *manzo.*
Boire *bere.*
Bois *legno, (nature) bosco.*
Boisson *bibita.*
Boîte *scatola.*
Bon *buono.*
Bondé *affollato, stipato.*
Bonheur *felicità.*
Bonjour *buongiorno.*
Bonne nuit *buona notte.*
Bonsoir *buona sera.*
Bonté *bontà.*
Bord *bordo.*
Bosse *bernoccolo, gobba.*
Bouche *bocca.*
Boucherie *macelleria.*
Boucle *fibbia, riccio,*
(du fleuve) ansa.
Boudin *sanguinaccio.*
Boue *fango.*
Bouée *salvagente.*
Bouger *muovere.*
Bougie *candela.*
Bouillant *bollente.*
Boulanger *fornaio.*
Boule *palla, boccia.*
Boussole *bussola.*
Bouteille *bottiglia.*
Boutique *negozio.*
Bouton *bottone.*
Bracelet *braccialetto.*
Bras *braccio.*
Brasserie *birreria.*
Bref *breve.*
Brillant *brillante.*
Briser *rompere, spezzare.*
Broder *ricamare.*
Brosse *spazzola.*
Brouillard *nebbia.*
Bruit *rumore.*
Brume *bruma.*
Brun(e) *bruno (a).*
Bruyant *rumoroso.*
Bulletin météorologique
bolletino
meteorologico.
Bureau *ufficio,*
(meuble) scrivania.
Bus *bus.*
But *(destination) meta,*
(sport) gol.
Buvable *bevibile.*

Cabane *capanna, prigione.*
Cabaret *cabaret.*
Cabine *cabina.*
Câble *cavo.*
Cacher *nascondere.*
Cadeau *regalo.*
Cadenas *catenaccio.*
Cadet(te) *minore.*
Caduc *caduco.*
Café *caffè.*
Cahier *quaderno.*
Caillou *sasso.*
Caisse *cassa.*
Calcaire *calcare.*

Calcul *calcolo.*
Cale *stiva.*
Calendrier *calendario.*
Calmant *calmante.*
Calme *calmo.*
Camarade *camerata, compagno.*
Camescope *videocamera*
Camion *camion.*
Campagne *campagna.*
Camper *campeggiare.*
Camping *camping.*
Canal *canale.*
Canard *anatra.*
Cancer *cancro.*
Canne *canna.*
Canot *canotto.*
Capable *capace.*
Capitale *capitale.*
Car *corriera.*
Cardiaque *cardiaco.*
Cargaison *carico.*
Carré(e) *quadrato (a).*
Carrefour *incrocio.*
Carte (jeu) *carta,* (poste) *cartolina,* (menu) *lista.*
Carte de crédit *carta di credito.*
– d'embarquement *carta d'imbarco.*
– grise *libretto di circolazione.*
– d'identité *carta d'identità.*
– postale *cartolina.*
Carton *cartone.*
Cas *caso.*
Casse-croûte *merenda, panino.*
Casser *rompere.*
Casserole *casseruola, pentola.*
Cathédrale *cattedrale.*
Cauchemar *incubo.*
Cause *causa.*
À cause de *a causa di.*
Causer *causare.*
Caution *cauzione.*
Cavalier *cavaliere, arrogante.*
Ce, cet, cette, celui, celle *questo, questa, quello, quella.*
Ceci, cela *ciò.*
Célèbre *celebre.*
Célibataire (m.) *celibe,* (f.) *nubile.*
Celle-là, celui-là *quella lì, quello lì.*
Cent *cento.*
Central *centrale.*
Centre *centro.*
Cependant *frattanto, in quel mentre.*
Cercle *circolo.*
Certain *certo.*
Certainement *certamente.*
Certificat *certificato.*

Ces *questi.*
C'est pourquoi *ecco perché.*
C'est tout *è tutto.*
Chacun(e) *ciascuno (a).*
Chaîne *catena.*
Chaise *sedia.*
Chaleur *calore.*
Chaloupe *scialuppa.*
Chambre *camera.*
Chambre d'hôtes *bed and breakfast.*
Chance *fortuna.*
Change *cambio.*
Changement *cambiamento.*
Changer *cambiare.*
Chanson *canzone.*
Chant *canto.*
Chapeau *cappello.*
Chapelle *cappella.*
Chaque *ogni.*
Charbon *carbone.*
Charcutier *salumiere.*
Charge *carica.*
Chariot *carrello.*
Chasser *cacciare.*
Château *castello.*
Chaud(e) *caldo (a).*
Chauffage *riscaldamento.*
Chauffer *riscaldare.*
Chauffeur *autista.*
Chaussure *scarpa.*
Chemin *cammino, sentiero.*
Chemise *camicia.*
Chèque *assegno.*
Cher (ère) *caro (a).*
Chercher *cercare.*
Chéri(e) *caro (a).*
Cheval *cavallo.*
Cheveux *capelli.*
Chien(ne) *cane, cagna.*
Choc *choc.*
Chiffon *straccio.*
Chiffre *cifra.*
Choisir *scegliere.*
Chose *cosa.*
Chute *caduta.*
Ciel *cielo.*
Cigare *sigaro.*
Cigarette *sigaretta.*
Cinéma *cinema.*
Cintre *attaccapanni.*
Cirage *lucido da scarpe.*
Circonstance *circostanza.*
Circuit *circuito.*
Circulation *traffico, circolazione.*
Ciseaux *forbici.*
Citoyen *cittadino.*
Citron *limone.*
Clair *chiaro.*
Classe *classe.*
Clavicule *clavicola.*
Clef *chiave.*
Client *cliente.*
Climat *clima.*
Climatisation *aria condizionata.*
Cloche *campana.*

Clocher *campanile.*
Clou *chiodo.*
Cochon *maiale.*
Code *codice.*
Code de la route *codice stradale.*
Cœur *cuore.*
Coiffeur *parrucchiere.*
Coin *angolo.*
Col *collo, (géo.) valico.*
Colère *collera.*
Colis *pacco.*
Colle *colla.*
Collection *collezione.*
Collier *collana.*
Colline *collina.*
Collision *collisione.*
Colonne *colonna.*
Coloré *colorato.*
Combien *quanto.*
Comestible *commestibile.*
Commandant *comandante.*
Commande *comando.*
Commander *comandare.*
Comme *come.*
Commencement *inizio.*
Comment *come.*
Commissariat *commissariato.*
Commode *facile.*
Commun(ne) *comune.*
Communication *comunicazione.*
Compagnon *compagno.*
Comparaison *paragone, confronto.*
Comparer *confrontare.*
Compartiment *scompartimento.*
Compatriote *compatriota.*
Complet *completo.*
Complètement *completamente.*
Composer *comporre.*
Comprendre *capire.*
Se faire comprendre *farsi capire.*
Comprimé *compressa.*
Compris *capito, compreso.*
Compte bancaire *conto in banca.*
Compter *contare.*
Concerner *concernere, riguardare.*
Concert *concerto.*
Concierge *guardiano.*
Condition *condizione.*
Condoléances *condoglianze.*
Conducteur *conducente.*
Conduire *condurre.*
Conduite *guida, (comportement) contegno.*
Confiance *fiducia.*
Confirmer *confermare.*
Confiture *confettura, marmellata.*

Confondre *confondere.*
Confort *conforto, comodità.*
Confortable *confortevole.*
Congé *congedo.*
Connaissance *conoscenza.*
Connaître *conoscere.*
Consciencieux (se) *coscenzioso (a).*
Conseiller *consigliare.*
Consentir *acconsentire.*
Conserver *conservare.*
Considérable *considerevole.*
Considérer *considerare.*
Consigne *consegna, deposito bagagli.*
Consommation *consumazione.*
Consommer *consumare, bere, mangiare.*
Constater *constatare.*
Constitution *costituzione.*
Construire *costruire.*
Consulat *consolato.*
Contact *contatto.*
Contenir *contenere.*
Content *contento.*
Contenu *contenuto.*
Continuer *continuare.*
Contraceptif *contraccettivo.*
Contraire *contrario.*
Au contraire *al contrario.*
Contrat *contratto.*
Contre *contro.*
Contrôle *controllo.*
Contrôleur *controllore.*
Convaincre *convincere.*
Convenir *convenire, essere d'accordo.*
Conversation *conversazione.*
Coq *gallo.*
Corde *corda.*
Cordial(e) *cordiale.*
Cordonnier *calzolaio.*
Corps *corpo.*
Corpulent(e) *corpulento (a).*
Correct(e) *corretto (a).*
Correspondance *corrispondenza.*
Corriger *correggere.*
Costume *abito.*
Côte *costa.*
Côté *lato.*
Coton *cotone.*
Cou *collo.*
Coucher *coricarsi.*
Couchette *cuccetta.*
Coude *gomito.*
Coudre *cucire.*
Couler *colare.*
Couleur *colore.*
Coup *colpo.*
Coupable *colpevole.*
Couper *tagliare.*
Couple *coppia.*
Coupon *scampolo, ritaglio.*

Cour *corte,* (justice) *cortile.*
Courant *corrente.*
Courir *correre.*
Courrier *posta.*
Courroie *cinghia.*
Cours *corso.*
Court(e) *corto (a).*
Cousin(e) *cugino (a).*
Coût *costo.*
Couteau *coltello.*
Coûter *costare.*
Coûteux *costoso.*
Coutume *costume, usanza.*
Couturier *sarto.*
Couvent *convento.*
Couvert *coperto.*
Couverture *coperta.*
Couvrir *coprire.*
Cracher *sputare.*
Craindre *temere.*
Crayon *matita.*
Crédit *credito.*
Créer *creare.*
Crème *crema,* (lait) *panna.*
Crier *gridare.*
Critiquer *criticare.*
Croire *credere.*
Croisière *crociera.*
Cru(e) *crudo (a).*
Cueillir *cogliere.*
Cuiller *cucchiaio.*
Cuir *cuoio.*
Cuire *cuocere.*
Cuisine *cucina.*
Cuisiner *cucinare.*
Cuisinier (ère) *cuoco(a).*
Cuisinière à gaz *cucina a gas.*
Cuisse *coscia.*
Curé *parroco.*
Curieux (se) *curioso (a).*
Curiosité *curiosità.*

Dame *signora.*
Danger *pericolo.*
Dans *nel.*
Danse *danza.*
Danser *ballare.*
Date *data.*
Davantage *di più.*
De *di.*
Débarquement *sbarco.*
Débarquer *sbarcare.*
Débile *debole.*
Debout *in piedi.*
Débrancher *staccare.*
Début *inizio.*
Au début *all'inizio.*
Débuter *cominciare.*
Décembre *dicembre.*
Décent *decente.*
Décevoir *deludere.*
Décharger *scaricare.*
Déchirer *strappare.*
Décidé *deciso.*
Décider *decidere.*
Décision *decisione.*
Déclaration *dichiarazione.*

Déclarer *dichiarare.*
Décollage *decollo.*
Décommander *disdire.*
Décompte *defalco, sconto.*
Déconseiller *sconsigliare.*
Décourager *scoraggiare.*
Découvrir *scoprire.*
Décrire *descrivere.*
Déçu(e) *deluso (a).*
Dedans *all'interno, dentro.*
Dédommager *risarcire, compensare.*
Dédouaner *sdoganare.*
Défaire *disfare.*
Défaut *difetto.*
Défavorable *sfavorevole.*
Défectueux (se) *difettoso (a).*
Défendre *difendere.*
Définir *definire.*
Dégât *guasto.*
Dehors *fuori.*
Déjà *già.*
Déjeuner *pranzare.*
Délai *proroga.*
Délicat(e) *delicato (a).*
Délit *delitto.*
Délivrer *liberare.*
Demain *domani.*
Demander *domandare.*
Démarrer *slanciarsi, salpare.*
Déménager *traslocare.*
Demi(e) *mezzo (a).*
Démodé *fuori moda.*
Demoiselle *signorina.*
Denrées alimentaires *generi alimentari.*
Dent *dente.*
Dentelle *merletto.*
Dentifrice *dentifricio.*
Dentiste *dentista.*
Départ *partenza.*
Dépasser *superare.*
Dépêcher *spicciarsi, affrettarsi.*
Dépense *spesa.*
Dépenser *spendere.*
Déplaire *spiacere.*
Déplaisant(e) *spiacevole.*
Déposer *deporre.*
Depuis *da.*
Dérangement *disturbo.*
Déranger *disturbare.*
Dérégler *sregolare.*
Dernier (ère) *ultimo (a).*
Derrière *dietro.*
Dès que *non appena.*
Désagréable *sgradevole.*
Descendre *scendere.*
Descente *discesa.*
Description *descrizione.*
Désert *deserto.*
Désespéré *disperato.*
Déshabiller *svestire.*
Désinfecter *disinfettare.*
Désirer *desiderare.*
Désordre *disordine.*

Dessiner *disegnare.*
Dessous *sotto.*
Dessus *sopra.*
Destinataire *destinatario.*
Destination *destinazione.*
Détachant *smacchiante.*
Détail *dettaglio.*
Détour *svolta.*
Détruire *distruggere.*
Dette *debito.*
Deuxième *secondo.*
Deuxièmement *in secondo luogo.*
Devant *davanti.*
Développement *sviluppo.*
Développer *sviluppare.*
Devenir *diventare, divenire.*
Déviation *deviazione.*
Deviner *indovinare.*
Devises *valuta.*
Devoir *dovere.*
Diarrhée *diarrea.*
Dictionnaire *dizionario.*
Dieu *dio.*
Différence *differenza.*
Différent(e) *differente.*
Différer *essere differente, differire.*
Difficile *difficile.*
Difficulté *difficoltà.*
Dimanche *domenica.*
Diminuer *diminuire.*
Dîner *cenare.*
Dire *dire.*
Directement *direttamente.*
Directeur *direttore.*
Direction *direzione.*
Disparaître *sparire.*
Disponible *diponibile.*
Dispute *disputa.*
Distance *distanza.*
Distinguer *distinguere.*
Distraction *distrazione.*
Distraire *distrarre.*
Distributeur *distributore.*
Distributeur de billets *sportello automatico.*
Diviser *dividere.*
Dix *dieci.*
Dizaine *decina.*
Docteur *dottore.*
Document *documento.*
Doigt *dito.*
Domaine *tenuta, dominio.*
Domicile *domicilio.*
Dommage *peccato.*
Donc *dunque.*
Donner *dare, donare.*
Dont *di cui.*
Dormir *dormire.*
Dos *schiena.*
Douane *dogana.*
Douanier *doganiere.*
Double *doppio.*
Doubler *doppiare, sorpassare.*
Doucement *lentamente, dolcemente.*

Douche *doccia.*
Douleur *dolore.*
Douloureux (se) *doloroso (a).*
Doute *dubbio.*
Douteux *dubbioso.*
Doux (ce) *dolce.*
Douzaine *dozzina.*
Drap *lenzuolo.*
Droit(e) *diritto (a)*
  À droite *a destra.*
Dune *duna.*
Dur(e) *duro (a).*
Durée *durata.*
Durer *durare.*
Dureté *durezza.*

Eau *acqua.*
Écart *scarto.*
Échanger *scambiare.*
Échantillon *campione.*
Échelle *scala.*
Éclair *lampo.*
Éclairer *illuminare.*
École *scuola.*
Économiser *economizzare.*
Écouter *ascoltare.*
Écouteur *ricevitore.*
Écrire *scrivere.*
Édifice *edificio.*
Éducation *educazione.*
Effet *effetto.*
Efficace *efficace.*
Efforcer (s') *sforzare (rsi).*
Effort *sforzo.*
Effrayer *impaurire.*
Égal(e) *uguale.*
Égarer *perdere.*
Église *chiesa.*
Élection(s) *elezione (i).*
Éloigné *allontanato.*
Emballage *imballaggio.*
Embrasser *abbracciare.*
Émission *trasmissione.*
Emmener *portare.*
Empêcher *impedire.*
Empire *impero.*
Emploi *impiego.*
Employé *impiegato.*
Employer *impiegare.*
Emporter *portar con sè.*
Emprunter *prender in prestito.*
Ému *commosso.*
Encore *ancora.*
Endommager *danneggiare.*
Endormir *addormentare.*
Endroit *luogo.*
Enfant *bambino.*
Enfin *infine.*
Enflammer *infiammare.*
Enflure *gonfiore.*
Enlever *rimuovere.*
Ennuyeux *noioso.*
Enseigner *insegnare.*
Ensemble *insieme.*
Ensuite *dopo.*
Entendre *udire, sentire.*

Enthousiasme *entusiasmo.*
Entier (ère) *intero (a).*
Entracte *intervallo.*
Entraider *aiutarsi.*
Entre *tra.*
Entrée *entrata.*
Entreprise *impresa.*
Entrer *entrare.*
Enveloppe *busta.*
Envers *verso.*
  À l'envers *a rovescio.*
Environ *circa.*
Environs *dintorni.*
Épais *spesso, folto.*
Épaule *spalla.*
Épeler *compitare.*
Épicerie *drogheria.*
Épices *spezie.*
Épidémie *epidemia.*
Épingle *spillo.*
Époque *epoca.*
Épouvantable *spaventoso.*
Époux (se) *sposo (a).*
Épuisé *esaurito, esausto.*
Équipage *equipaggio.*
Équipe *squadra.*
Équipement *equipaggiamento.*
Équiper *allestire, attrezzare.*
Équitation *equitazione.*
Équivalent *equivalente.*
Erreur *errore.*
Escalade *scalata.*
Escale *scalo.*
Escalier *scala.*
Escroquerie *truffa.*
Espace *spazio.*
Espèces *specie.*
Espérer *sperare.*
Essayer *provare.*
Essence *benzina.*
Est *est.*
Estimer *stimare.*
Estomac *stomaco.*
Et *e.*
Étage *piano.*
État *stato.*
État des routes *condizioni di traffico.*
Été *estate.*
Éteindre *spegnere.*
Étendre (s') *stendere (rsi).*
Étoile *stella.*
Étonner *stupire.*
Étranger *straniero.*
Être *essere.*
  C'est, ce n'est pas *è, non è.*
Étroit *stretto.*
Étude(s) *studio (studi).*
Étudier *studiare.*
Euro *euro.*
Europe *Europa.*
Européen *europeo.*
Évacuer *evacuare, sgombrare.*
Évanouir (s') *svenire.*
Événement *avvenimento.*

Éventuellement *eventualmente.*
Évident *evidente.*
Éviter *evitare.*
Exact *esatto.*
Examiner *esaminare.*
Excédent *eccedente.*
Excellent *eccellente.*
Exception *eccezione.*
Excès de vitesse *eccesso di velocità.*
Excursion *escursione.*
Excuse *scusa.*
Excuser (s') *scusare (rsi).*
Exercer (s') *esercitare (rsi).*
Exercice *esercizio.*
Expédition *spedizione.*
Expérience *esperienza.*
Expirer *spirare.*
Expliquer *spiegare.*
Exportation *esportazione.*
Exprès *apposta.*
Express (café) *espresso,* (train) *espresso.*
Exquis *squisito.*
Extérieur *esteriore.*
À l'extérieur : *all'esterno.*
Extincteur *estintore.*
Extraordinaire *straordinario.*
Ex-voto *voto.*

Fabriqué à *fabbricato a.*
Face *di fronte, faccia.*
Fâché *arrabbiato.*
Fâcheux *increscioso.*
Facile *facile.*
Facilité *facilità.*
Façon *modo.*
Facteur *postino.*
Facture *fattura.*
Faible *debole.*
Faim *fame.*
Faire *fare.*
– des achats *– spese.*
– attention *– attenzione.*
– demi-tour *– dietro front.*
– marche arrière *tornare indietro.*
Fait *fatto.*
Falloir *occorrere, convenire.*
Famille *famiglia.*
Fatigant(e) *faticoso (a).*
Fatiguer *affaticare.*
Faut (il) *bisogna.*
Faute *errore.*
Faveur *favore.*
Féliciter *felicitare.*
Féminin(e) *femminile.*
Femme *donna.*
Fenêtre *finestra.*
Fer *ferro.*
Ferié *festivo.*
Ferme (propriété) *fattoria,* (adj.) *fermo.*
Fermé *chiuso.*

Fermer *chiudere.*
Fermeture *chiusura.*
Féroce *feroce.*
Ferroviaire *ferroviario.*
Ferry-boat *ferry-boat, traghetto.*
Fête *festa.*
Fêter *festeggiare.*
Feu *fuoco.*
Feux de signalisation *semaforo.*
Feuille (arbre) *foglia,* (papier) *foglio.*
Février *febbraio.*
Fiancé(e) *fidanzato (a).*
Ficelle *spago.*
Fièvre *febbre.*
Fil *filo.*
File *fila.*
Filet (viande) *filetto, rete.*
Fille *ragazza.*
Film *film.*
Fils *figlio.*
Filtre *filtro.*
Fin (nom) *fine,* (adj.) *fino (a).*
Firme *ditta.*
Fixer *fissare.*
Flamme *fiamma.*
Fleur *fiore.*
Fleurir *fiorire.*
Fleuve *fiume.*
Foi *fede.*
Foie *fegato.*
Foire *fiera.*
Fois *volta.*
Fonctionnaire *funzionario.*
Fonctionner *funzionare.*
Fond *fondo.*
Force *forza.*
Forêt *foresta.*
Formation *formazione.*
Forme *forma.*
Former *formare.*
Formidable *formidabile.*
Formulaire *formulario.*
Fort(e) *forte.*
Fou, folle *pazzo, pazza.*
Foulard *foulard, fazzoletto.*
Foule *folla.*
Fourchette *forchetta.*
Fournir *fornire.*
Fourrière *deposito.*
Fourrure *pelliccia.*
Fragile *fragile.*
Frais (fraîche) *fresco (a).*
Français *francese.*
France *Francia.*
Frapper *colpire.*
Fraude *frode, inganno.*
Frein(s) *freno (i).*
Fréquent(e) *frequente.*
Frère *fratello.*
Frire *friggere.*
Froid(e) *freddo (a).*
Fromage *formaggio.*
Frontière *frontiera.*
Frotter *strofinare.*
Fruit *frutta.*

Fruits de mer *frutti di mare.*
Fuite *fuga, perdita.*
Fumé *affumicato.*
Fumée *fumo.*
Fumer *fumare.*
Fumeur *fumatore.*
Funiculaire *funicolare.*
Furieux *furioso.*
Fusible *fusibile.*
Fusil *fucile.*
Futur *futuro.*

Gagner *vincere.*
Gai(e) *gaio (a), lieto (a), allegro(a).*
Gain *vincita.*
Galerie *galleria.*
Gant *guanto.*
Garage *garage.*
Garantie *garanzia.*
Garçon *ragazzo,* (de café) *cameriere.*
Garder *tenere.*
Gardien *guardiano.*
Gare *stazione.*
Garer (se) *parcheggiare.*
Gastro-entérite *gastroenteritis.*
Gasoil *gasolio.*
Gâteau *dolce.*
Gauche *sinistra.*
Gaz *gas.*
Geler *gelare.*
Général *generale.*
Gens *gente.*
Gentil *gentile.*
Gérant *amministratore.*
Gibier *selvaggina.*
Glace *gelato,* (miroir) *specchio.*
Gonfler *gonfiare.*
Gorge *gola.*
Goût *gusto.*
Goutte *goccia.*
G.P.S. *G.P.S.*
Grâce à *grazie a.*
Grand *grande.*
Grandeur *grandezza.*
Grandir *diventar grande, ingrandirsi.*
Grand-mère *nonna.*
Grand-père *nonno.*
Gras(se) *grasso (a).*
Gratuit(e) *gratuito (a).*
Grave *grave.*
Grève *sciopero.*
Grille *griglia.*
Griller *grigliare.*
Grimper *arrampicarsi.*
Grippe *influenza.*
Gris(e) *grigio (a).*
Gros *grosso.*
Grossier (ère) *grossolano, rozzo.*
Grossir *ingrossare.*
Groupe *gruppo.*
Guêpe *vespa.*

Guérir *guarire.*
Guichet *sportello.*
Guide *guida.*
Guider *guidare.*

Habiller (s') *vestire (rsi).*
Habitant *abitante.*
Habiter *abitare.*
Habitude *abitudine.*
Habituellement *d'abitudine.*
Habituer (s') *abituare (rsi).*
Hacher *macinare, tritare.*
Hanche *anca.*
Haricot *fagiolo.*
Hasard *caso.*
Hâte *fretta.*
Haut(e) *alto (a).*
En haut : *in alto.*
Hauteur *altezza.*
Hebdomadaire *settimanale.*
Herbe *erba.*
Heure *ora.*
Heureux *felice.*
Heureusement *fortunatamente.*
Hier *ieri.*
Histoire *storia.*
Hiver *inverno.*
Homard *gambero di mare.*
Homme *uomo.*
Honnête *onesto.*
Honneur *onore.*
Honoraires *onorari.*
Honte *vergogna.*
Hôpital *ospedale.*
Horaire *orario.*
Horrible *orribile.*
Hors de *fuori da.*
Hors-d'œuvre *antipasto.*
Hors saison *fuori stagione.*
Hors taxe *esente da tassa.*
Hospitalité *ospitalità.*
Hôte *ospite.*
Hôtel *hotel, albergo.*
Hôtel de ville *municipio.*
Hôtesse *ospite.*
Huile *olio.*
Huître *ostrica.*
Humeur *umore.*
Humide *umido.*
Humour *ironia, humor.*
Hutte *capanna.*

Ici *qui.*
Idéal(e) *ideale.*
Idée *idea.*
Idiot(e) *idiota.*
Il, ils, lui, eux *egli, loro, lui, essi.*
Il y a *c'è.*
Ile *isola.*
Illégal(e) *illegale.*
Image *immagine.*
Imbécile *imbecille.*
Immatriculation *immatricolazione.*
Immédiat(e) *immediato.*

Immeuble *immobile.*
Immigration *immigrazione.*
Immunisation *immunizzazione.*
Immunisé *immunizzato.*
Immunité *immunità.*
Impasse *vicolo cieco.*
Impatient(e) *impaziente.*
Imperméable *impermeabile.*
Important *importante.*
Importer *importare.*
Importuner *importunare.*
Impossible *impossibile.*
Impôt *tassa.*
Impression *impressione.*
Imprimer *imprimere.*
Imprudent(e) *imprudente.*
Inadvertance *inavvertenza.*
Inattendu(e) *inatteso (a).*
Incapable *incapace.*
Incendie *incendio.*
Incertain(e) *incerto (a).*
Incident *incidente.*
Inclure *includere.*
Inclus *incluso.*
Inconfortable *scomodo.*
Inconnu(e) *sconosciuto (a).*
Inconvénient *inconveniente.*
Incroyable *incredibile.*
Indécent *indecente.*
Indécis(e) *indeciso (a).*
Indépendant(e) *indipendente.*
Indéterminé *indeterminato.*
Indication *indicazione.*
Indice *indice.*
Indigestion *indigestione.*
Indiquer *indicare.*
Indispensable *indispensabile.*
Individuel *individuale.*
Industrie *industria.*
Inefficace *inefficace.*
Inévitable *inevitabile.*
Infecté *infettato.*
Infectieux (se) *infettivo (a).*
Infection *infezione.*
Infirme *infermo.*
Infirmière *infermiera.*
Inflammable *Infiammabile.*
Information *informazione.*
Informer *informare.*
Injection *iniezione, puntura.*
Injuste *ingiusto.*
Innocent(e) *innocente.*
Inondation *inondazione.*
Inquiet (ète) *inquieto (a).*
Inscrire *inscrivere.*
Insecte *insetto.*
Insecticide *insetticida.*
Insignifiant *insignificante.*
Insister *insistere.*
Insolation *insolazione.*
Insomnie *insonnia.*
Installation *installazione.*
Instant *istante, momento.*

Instruction *istruzione.*
Instrument *strumento.*
Insuffisant(e) *insufficiente.*
Insuline *insulina.*
Insupportable *insopportabile.*
Intelligence *intelligenza.*
Intelligent(e) *intelligente.*
Intensif *intensivo.*
Intercontinental *intercontinentale.*
Intéressant *interessante.*
Intéresser (s') *interessare (rsi).*
Intérêt *interesse.*
Intérieur *interno, interiore.*
 À l'intérieur *all'interno.*
Intermédiaire *intermediario.*
International(e) *internazionale.*
Interprète *interprete.*
Interroger *interrogare.*
Interrompre *interrompere.*
Interrupteur *interruttore.*
Interruption *interruzione.*
intervalle *intervallo.*
Intonation *intonazione.*
Intoxication *intossicazione.*
Inutile *inutile.*
Inventer *inventare.*
Inversement *inversamente, all'opposto.*
Invitation *invito.*
Inviter *invitare.*
Invraisemblable *inverosimile.*
Irrégulier (ère) *irregolare.*
Irrité *irritato, arrabbiato.*
Itinéraire *itinerario.*

Jaloux (se) *geloso (a).*
Jamais *mai.*
Jambe *gamba.*
Jambon *prosciutto.*
Janvier *gennaio.*
Jardin *giardino.*
Jaune *giallo.*
Je *io.*
Jetée *diga, gettata.*
Jeter *gettare, buttare.*
Jeton *gettone.*
Jeu *gioco.*
Jeudi *giovedí.*
Jeun (à) *digiuno (a).*
Jeune *giovane.*
Jeûne *digiuno.*
Jeunesse *giovinezza.*
Joaillerie *gioielleria.*
Joie *gioia.*
Joindre *congiungere, unire.*
Joli(e) *carino (a).*
Jonction *congiunzione, ricongiungimento.*
Jouer *giocare.*
Jouet *giocattolo.*
Jour *giorno.*
– férié *– festivo.*

– ouvrable – *feriale.*
– de l'an *capodanno.*
Journal *giornale.*
Journée *giornata.*
Joyau *gioiello.*
Joyeux (se) *gioioso (a), allegro (a).*
Juge *giudice.*
Juger *giudicare.*
Juillet *luglio.*
Juin *giugno.*
Jumeau (elle) *gemello (a).*
Jumelles *binocolo.*
Jument *giumenta.*
Jupe *gonna.*
Juridique *giuridico.*
Jus *succo.*
Jusqu'à *fino a che, fino a.*
Jusque *fino.*
Juste *giusto.*
Justice *giustizia.*

Kilogramme *chilogrammo.*
Kilomètre *chilometro.*
Kiosque *chiosco, edicola.*
Klaxon *clacson.*

Là *là.*
Là-bas *laggiù.*
Là-haut *lassù.*
Lac *lago.*
Lacet *laccio.*
Laid *brutto.*
Laine *lana.*
Laisser *lasciare.*
Laisser-passer *lasciapassare.*
Lait *latte.*
Lampe *lampada.*
– de poche *torcia.*
Langue *lingua.*
Lapin *coniglio.*
Large *largo.*
Largeur *larghezza.*
Lavabo *lavabo.*
Laver *lavare.*
Laverie *lavanderia.*
Le, la, les *il, la, i.*
Leçon *lezione.*
Légal *legale.*
Léger (ère) *leggero (a).*
Légumes *ortaggi, verdura.*
Lent *lento.*
Lentement *lentamente.*
Lentilles *lenticchie.*
Lequel, laquelle *quale.*
Lessive *bucato.*
Lettre *lettera.*
Leur *loro.*
Lever (se) *alzare (rsi).*
Levier *leva.*
Lèvre *labbra.*
Libre *libero.*
Licence *licenza.*
Licite *lecito.*
Lier *legare.*
Lieu *luogo.*
Ligne *linea.*

Linge *biancheria.*
Liquide *liquido.*
Lire *leggere.*
Liste *lista.*
Lit *letto.*
Litige *litigio, baruffa.*
Litre *litro.*
Livre *libro.*
Livrer *consegnare.*
Localité *località.*
Locataire *colui che affitta.*
Location *affitto.*
Loge *loggia.*
Loi *legge.*
Loin *lontano.*
Loisir *agio, riposo.*
Long(ue) *lungo (a).*
Longueur *lunghezza.*
Lotion *lozione.*
Louer *affittare.*
Lourd(e) *pesante.*
Loyer *affitto.*
Lui *lui.*
Lumière *luce.*
Lumineux *luminoso.*
Lundi *lunedì.*
Lune *luna.*
Lunettes *occhiali.*
Luxe *lusso.*
Luxueux *lussuoso.*

Mâchoire *mascella.*
Madame *signora.*
Mademoiselle *signorina.*
Magasin *negozio.*
Magnifique *magnifico.*
Mai *maggio.*
Maigre *magro.*
Maillot de bain *costume da bagno.*
Main *mano.*
Maintenant *ora.*
Mairie *municipio.*
Mais *ma.*
Maison *casa.*
Maître d'hôtel *maggiordomo.*
Majorité *maggioranza.*
Mal *male.*
  Avoir mal *aver male.*
Malade *malato.*
Maladie *malattia.*
Mâle *maschio.*
Malheureusement *sfortunatamente.*
Malheureux (se) *sfortunato (a), infelice.*
Malhonnête *disonesto.*
Malsain *malsano, insalubre.*
Manger *mangiare.*
Manière *maniera.*
Manifestation *manifestazione.*
Manifestement *apertamente, palese.*
Manque *mancanza.*
Manquer *mancare.*

Manteau *cappotto.*
Manuel *manuale.*
Maquillage *trucco.*
Marchand(e) *mercante, mercantessa.*
Marchander *contrattare.*
Marchandise *merce.*
Marcher *camminare.*
Mardi *martedì.*
Marée basse *bassa marea.*
– haute *alta marea.*
Mari *marito.*
Mariage *matrimonio.*
Marié(e) *sposato (a).*
Marier (se) *sposare (rsi).*
Marin *marinaio.*
Marine *marina.*
Maroquinerie *valigeria.*
Marque *marca.*
Marraine *madrina.*
Marron *marrone.*
Mars *marzo.*
Marteau *martello.*
Masculin(e) *maschile.*
Masque *maschera.*
Massage *massaggio.*
Match *partita.*
Matelas *materasso.*
Matériel *materiale.*
Matin *mattina.*
Mauvais(e) *cattivo (a).*
Maximum *massimo.*
Mécanicien *meccanico.*
Mécanisme *meccanismo.*
Méchant(e) *cattivo (a), malvagio (a).*
Mécontent(e) *scontento (a).*
Médecin *medico.*
Médical(e) *medico (a).*
Médicament *medicina.*
Médiocre *mediocre.*
Méfier (se) *diffidare.*
Meilleur(e) *migliore.*
Mélange *miscuglio, mescolanza.*
Mélanger *mescolare.*
Membre *membro.*
Même *stesso.*
Mensonge *bugia, menzogna.*
Mensuel(le) *mensile.*
Mentir *mentire.*
Menu *menù.*
Mer *mare.*
Merci *grazie.*
Mercredi *mercoledì.*
Mère *madre.*
Merveilleux *meraviglioso.*
Message *messaggio.*
Messe *messa.*
Mesure *misura.*
Mesurer *misurare.*
Métal *metallo.*
Météorologie *meteorologia.*
Mettre *mettere.*
Meuble *mobile.*
Meublé *ammobiliato.*
Meurtre *omicidio.*

Mexique *Messico.*
Microbe *microbo.*
Midi *mezzogiorno.*
Mieux *meglio.*
Migraine *emicrania.*
Mille *mille,* (mesure) *miglio.*
Million *milione.*
Mince *fino, sottile.*
Mine *mina.*
Minimum *minimo.*
Minuit *mezzanotte.*
Minute *minuto.*
Miroir *specchio.*
Mode *moda.*
Modèle *modello.*
Moderne *moderno.*
Moi *io.*
Moins (au) *meno, almeno.*
Mois *mese.*
Moitié *metà.*
Moment *momento.*
Mon, ma, mes *mio, mia, miei.*
Monastère *monastero.*
Monde *mondo.*
Monnaie *moneta.*
Monsieur *signore.*
Montagne *montagna.*
Montant *montante.*
Monter *montare.*
Montée *salita.*
Montre *orologio.*
Montrer *mostrare.*
Monument *monumento.*
Morceau *pezzo.*
Mort(e) *morto (a).*
Mosquée *moschea.*
Mot *parola.*
Moteur *motore.*
Moto *moto.*
Mou *molle.*
Mouche *mosca.*
Mouchoir *fazzoletto.*
Mouillé *bagnato.*
Moule (mollusque) *cozza.*
Mourir *morire.*
Moustiquaire *zanzariera.*
Moustique *zanzara.*
Moutarde *senape.*
Mouton *montone.*
Mouvement *movimento.*
Moyen *medio.*
Mûr(e) *maturo (a).*
Mur *muro.*
Musée *museo.*
Musique *musica.*
Musulman *musulmano.*

Nage *nuoto.*
Nager *nuotare.*
Naissance *nascita.*
Naître *nascere.*
Nappe *tovaglia.*
Natation *nuoto.*
Nationalité *nazionalità.*
Nature *natura.*
Naturel(le) *naturale.*
Naufrage *naufragio.*

Nausée *nausea.*
Navigation *navigazione.*
Navire *nave, bastimento.*
Né(e) *nato (a).*
Ne pas, non plus *non, neanche.*
Nécessaire *necessario.*
Nécessité *necessità.*
Nef *nave.*
Négatif *negativo.*
Négligent(e) *negligente.*
Neige *neve.*
Neiger *nevicare.*
Nerveux (se) *nervoso (a).*
N'est-ce pas ? *no ?*
Nettoyer *pulire.*
Neuf *nuovo.*
Neveu *nipote.*
Nez *naso.*
Ni *ne.*
Nièce *nipote.*
Nier *negare.*
Niveau *livello.*
Noël *Natale.*
Nœud *nodo.*
Noir(e) *nero (a).*
Nom *cognome.*
Nombre *numero.*
Nombreux (se) *numeroso (a).*
Non *no.*
Nord *nord.*
Nord-est *nord-est.*
Nord-ouest *nord-ovest.*
Normal(e) *normale.*
Notre *nostro.*
Nourrissant(e) *nutriente.*
Nourriture *cibo.*
Nous *noi.*
Nouveau (elle) *nuovo (a).*
Nouvel An *Anno nuovo.*
Nouvelle *nuova.*
Novembre *novembre.*
Noyau *nocciolo.*
Noyer *noce.*
Nuage *nuvola.*
Nuire *nuocere.*
Nuisible *nocivo.*
Nuit *notte.*
Nulle part *da nessuna parte.*
Numéro *numero.*
Numéroter *numerare.*

Objectif *obiettivo.*
Objet *oggetto.*
Obligation *obbligo.*
Obligatoire *obbligatorio.*
Obscurité *oscurità.*
Observer *osservare.*
Obtenir *ottenere.*
Occasion *occasione.*
Occupé *occupato.*
Occuper (s') *occupare (rsi).*
Océan *oceano.*
Octobre *ottobre.*
Odeur *odore.*
Œil *occhio.*

Œuf *uovo.*
Œuvre *opera.*
Offense *offesa.*
Office de tourisme *ufficio del turismo.*
Officiel(le) *ufficiale.*
Offrir *offrire.*
Oiseau *uccello.*
Ombre *ombra.*
Omelette *frittata.*
Omission *omissione, dimenticanza.*
On *si.*
Oncle *zio.*
Ongle *unghia.*
Onze *undici.*
Opéra *opera.*
Opération *operazione.*
Opérer *operare.*
Opinion *opinione.*
Opportun(e) *opportuno (a).*
Opposé *opposto.*
Opticien *ottico.*
Or *oro.*
Orage *temporale.*
Orange *arancia.*
Orchestre *orchestra.*
Ordinaire *abituale.*
Ordinateur *computer.*
Ordonnance (*méd.*) *ricetta.*
Ordre *ordine.*
Ordures *immondizie.*
Oreille *orecchio.*
Oreiller *guanciale, cuscino.*
Organisation *organizzazione.*
Organiser *organizzare.*
Orientation *orientamento.*
Orienter (s') *orientare (rsi).*
Originaire *originario.*
Original(e) *originale.*
Orteil *alluce.*
Orthographe *ortografia.*
Os *osso.*
Oser *osare.*
Oter *togliere, levare.*
Ou *o.*
Où *dove.*
Oublier *dimenticare.*
Ouest *ovest.*
Oui *si.*
Outil *utensile.*
Outre-mer *oltremare.*
Ouvert(e) *aperto (a).*
Ouvre-boîtes *apriscatole.*
Ouvrir *aprire.*

Pacotille *paccottiglia.*
Page *pagina.*
Paiement *pagamento.*
Paillasson *nettapiedi, zerbino.*
Paille *paglia.*
Pain *pane.*
Paire *paio.*
Paix *pace.*
Palais *palazzo.*
Pâle *pallido.*

Pamplemousse *pompelmo.*
Panier *paniere.*
Panne *guasto.*
Panneau *cartello.*
Pansement *fasciatura.*
Pantalon *pantaloni.*
Papeterie *cartoleria.*
Papier *carta.*
Papiers *documenti.*
Papillon *farfalla.*
Paquebot *piroscafo.*
Pâques *Pasqua.*
Paquet *pacchetto.*
Par *attraverso.*
Paraître *apparire, mostrarsi.*
Parapluie *ombrello.*
Parasol *ombrellone.*
Paravent *paravento.*
Parc *parco.*
Parce que *perchè.*
Parcmètre *parchimetro.*
Pardessus *cappotto.*
Pardon *perdono.*
Pardonner *perdonare.*
Pareil *simile.*
Parent *parente.*
Parents (père, mère) *genitori.*
Paresseux *pigro.*
Parfait(e) *perfetto (a).*
Parfum *profumo.*
Pari *scommessa.*
Panier *paniere.*
Parking *parcheggio.*
Parlement *parlamento.*
Parler *parlare.*
Parmi *tra.*
Parrain *padrino.*
Part *parte.*
Partager *dividere.*
Parti *partito.*
Partie *parte,* (jeu) *partita.*
Partir *partire.*
Partout *dappertutto.*
Pas *passo.*
Pas du tout *assolutamente no.*
Passage *passaggio.*
Passager (ère) *passeggero (a).*
Passé *passato.*
Passeport *passaporto.*
Passer *passare.*
Passe-temps *passatempo.*
Passionnant *avvincente.*
Pasteur *pastore, prete.*
Pastille *pastiglia.*
Pâte *pasticcio,* (alimentaire) *pasta.*
Patient *paziente.*
Patienter *pazientare.*
Patinage *pattinaggio.*
Pâtisserie *pasticceria.*
Patrie *patria.*
Patron(ne) *padrone (a).*
Paupière *palpebra.*
Pause *pausa.*

Pauvre *povero.*
Payable *pagabile.*
Payer *pagare.*
Pays *paese.*
Paysage *paesaggio.*
Péage *pedaggio.*
Peau *pelle.*
Pêche *pesca, (fruit) pesca.*
Pêcher *pescare.*
Pêcheur *pescatore.*
Pédicure *pedicure.*
Peigne *pettine.*
Peindre *dipingere.*
Peine *pena.*
À peine *appena.*
Peintre *pittore.*
Peinture *pittura.*
Pelle *pala, badile.*
Pellicule *pellicola, (cheveux) forfora.*
Pelote *gomitolo.*
Pendant *durante.*
Penderie *guardaroba.*
Pendule *orologio, pendolo.*
Penser *pensare.*
Pension *pensione.*
Pente *discesa.*
Pentecôte *Pentecoste.*
Percolateur *macchina del caffè.*
Perdre *perdere.*
Père *padre.*
Périmé *scaduto.*
Période *periodo.*
Périphérie *periferia.*
Perle *perla.*
Permanent *permanente.*
Permettre *permettere.*
Permis de conduire *patente.*
Permission *permesso.*
Personne *persona, (nég.) nessuno.*
Personnel *personale.*
Persuader *persuadere.*
Perte *perdita.*
Peser *pesare.*
Petit *piccolo.*
Petit déjeuner *colazione.*
Petit-fils (Petite-fille) *nipote.*
Petits-enfants *nipoti.*
Petit pain *panino.*
Peu *poco.*
Peuple *popolo.*
Peur *paura.*
Peut-être *forse.*
Pharmacie *farmacia.*
Photographe *fotografo.*
Photographier *fotografare.*
Phrase *frase.*
Pièce *(morceau) pezzo, (monnaie) moneta, spicciolo.*
Pied *piede.*
Piège *trappola.*
Pierre *pietra.*
Piéton *pedone.*

Pile *pila, batteria.*
Pilote *pilota.*
Pilule *pillola.*
Pince *pinza,*
(à épiler) *pinzetta,*
(à linge) *molletta per la biancheria.*
Pinceau *pennello.*
Pipe *pipa.*
Piquant *piccante.*
Piquer *pungere.*
Piqûre *puntura.*
Pire *peggio.*
Piscine *piscina.*
Piste *pista.*
Pitié *pietà.*
Pittoresque *pittoresco.*
Placard *armadio a muro.*
Place *piazza.*
Plafond *soffitto.*
Plage *spiaggia.*
Plaindre *compatire, compiangere.*
Plaine *pianura.*
Plainte *lamento, gemito.*
Plaire *piacere.*
Plaisanterie *scherzo.*
Plaisir *piacere.*
Plan *piano, pianta, mappa.*
Plancher *pavimento.*
Plante *pianta.*
Plat *piatto.*
Plateau *vassaio,*
(géo.) *altipiano.*
Plein(e) *pieno (a).*
Pleurer *piangere.*
Pliant(e) *pieghevole.*
Plier *piegare.*
Plomb *piombo.*
Plombage *otturazione.*
Plonger *tuffarsi.*
Pluie *pioggia.*
Plume *piuma.*
Plus *più.*
Plus ou moins *più o meno.*
Plusieurs *molti, parecchi.*
Plutôt *piuttosto.*
Pneu *pneumatico.*
Pneumonie *polmonite.*
Poche *tasca.*
Poêle *(à frire)* *padella.*
Poids *peso.*
Poignée *maniglia.*
Point *punto.*
Pointe *punta.*
Pointure *numero.*
Poire *pera.*
Poison *veleno.*
Poisson *pesce.*
Poissonnier *pescivendolo.*
Poitrine *petto.*
Poivron *peperone.*
Police *polizia.*
Politesse *gentilezza.*
Politique *politica.*
Pommade *pomata.*
Pomme *mela.*
Pompe *pompa.*

Pompier *pompiere.*
Pont *ponte.*
Populaire *popolare.*
Population *popolazione.*
Porc *porco, (viande) maiale.*
Porcelaine *porcellana.*
Port *porto.*
Portail *portone.*
Portatif *portabile.*
Porte *porta.*
Porte-clefs *portachiave.*
Portefeuille *portafoglio.*
Portemanteau *attaccapanni.*
Porte-monnaie *portamonete.*
Porter *portare.*
Porteur *facchino, portatore.*
Portier *portinaio.*
Portion *porzione.*
Portrait *ritratto.*
Poser *posare.*
Position *posizione.*
Posséder *possedere.*
Possession *possessione.*
Possibilité *possibilità.*
Poste *posta.*
Pot *vaso.*
Potable *potabile.*
Potage *minestra.*
Poteau *palo, sostegno.*
Poterie *ceramica.*
Poubelle *pattumiera.*
Pouce *pollice.*
Poudre *polvere.*
Poulet *pollo.*
Poupée *bambola.*
Pour *per.*
Pourboire *mancia.*
Pourcentage *percentuale.*
Pour quoi *per che cosa.*
Pourquoi *perchè.*
Pourtant *però.*
Pousser *spingere.*
Poussière *polvere.*
Pouvoir *potere.*
Pratique *pratica.*
Pratiquer *praticare.*
Pré *prato.*
Précaution *precauzione.*
Précieux (se) *prezioso (a).*
Précision *precisione.*
Préférence *preferenza.*
Préférer *preferire.*
Premier (ère) *primo (a).*
Premiers secours *primi soccorsi.*
Prendre *prendere.*
Prénom *nome.*
Préoccupé *preoccupato.*
Préparé *preparato.*
Préparer *preparare.*
Près de *vicino a.*
Présenter *presentare.*
Préservatif *preservativo.*
Presque *quasi.*
Prêt(e) *pronto (a).*
Prêter *prestare.*

Prétexte *pretesto.*
Prêtre *prete.*
Preuve *prova.*
Prévenir *informare, prevenire, avvertire.*
Prévisions météo *previsioni meteo.*
Prévu *previsto.*
Prière *preghiera.*
Principal(e) *principale.*
Printemps *primavera.*
Prise *spina.*
– multiple *spina multipla.*
Prison *prigione.*
Privé(e) *privato (a).*
Prix *prezzo,* (récompense) *premio.*
Probabilité *probabilità.*
Probable *probabile.*
Problème *problema.*
Prochain(e) *prossimo (a).*
Prochainement *prossimamente.*
Proche *vicino, presso, prossimo.*
Procuration *procura.*
Procurer *procurare.*
Produire *produrre.*
Professeur *professore.*
Profession *professione.*
Profond(e) *profondo (a).*
Programme *programma.*
Progrès *progresso.*
Projet *progetto.*
Projeter *progettare.*
Prolonger *prolungare.*
Promenade *passeggiata.*
Promesse *promessa.*
Promettre *promettere.*
Promotion *promozione.*
Promptitude *prontezza.*
Prononcer *pronunciare.*
Prononciation *pronuncia.*
Propos (à) *a proposito.*
Proposer *proporre.*
Proposition *proposizione.*
Propre *pulito.*
Propriétaire *proprietario.*
Propriété *proprietà.*
Prospectus *manifestino.*
Prostituée *prostituta.*
Protection *protezione.*
Protestant(e) *protestante.*
Protester *protestare.*
Prouver *provare.*
Provisions *provvisioni.*
Provisoire *provvisorio.*
Proximité *prossimità.*
Prudent(e) *prudente.*
Public *pubblico.*
Publicité *pubblicità.*
Puce *pulce.*
Puis *poi.*
Puissant(e) *potente.*
Puits *pozzo.*
Punaise *cimice.*
Pur *puro.*
Pus *pus.*

Quai *scalo, banchina.*
Qualifier *qualificare.*
Qualité *qualità.*
Quand *quando.*
Quantité *quantità.*
Quart *quarto.*
Quartier *quartiere.*
Que *che.*
Quel, quelle *quale.*
Quelles *quali.*
Quelque chose *qualche cosa.*
Quelquefois *qualche volta.*
Quelque part *in qualche posto.*
Quelques *qualche.*
Quelqu'un *qualcuno.*
Querelle *disputa, litigio.*
Qu'est-ce que *che cosa.*
Question *domanda.*
Queue *coda.*
Qui *chi.*
Quiconque *qualunque.*
Quincaillerie *chincaglieria.*
Quinine *chinino.*
Quittance *quietanza.*
Quitter *lasciare.*
Quoi *che.*
Quoique *benché, quantunque.*
Quotidien(ne) *quotidiano (a).*

Rabbin *rabbino.*
Raccommoder *raccomodare.*
Raccourcir *accorciare.*
Raconter *raccontare.*
Radiateur *calorifero, termosifone.*
Radio *radio.*
Radiographie *radiografia.*
Rafraîchissement *rinfresco.*
Rage *rabbia.*
Raide *rigido (a).*
Raisin *uva.*
Raison *ragione.*
Raisonnable *ragionevole.*
Ramer *remare.*
Randonnée *excursione.*
Rang *rango.*
Rapide *rapido.*
Rappeler *richiamare.*
Raquette *racchetta.*
Rare *raro.*
Raser (se) *radere (rsi).*
Rasoir *rasoio.*
Rat *ratto, topo.*
Ravissant(e) *incantevole.*
Rayon *raggio,* (magasin) *reparto.*
Réalité *realtà.*
Récemment *recentemente.*
Récépissé *ricevuta.*
Réception *ricevimento,* (hôtel) *réception.*
Recevoir *ricevere.*
Rechange *ricambio.*

Recharger *ricambiare.*
Réchaud *fornello.*
Recherche *ricerca.*
Récipient *recipiente.*
Réclamer *reclamare.*
Recommandation *raccommandazione.*
Recommander *raccomandare.*
Récompense *ricompensa.*
Récompenser *ricompensare.*
Reconnaissance *riconoscenza.*
Reconnaître *riconoscere.*
Rectangulaire *rettangolare.*
Reçu *ricevuta.*
Recueillir *raccogliere.*
Réduction *riduzione, sconto.*
Réel(le) *reale.*
Référer (se) *riferire (rsi).*
Refuser *rifiutare.*
Regard *sguardo.*
Regarder *guardare.*
Régime *dieta.*
Région *regione.*
Règle *regola.*
Règlement *regolamento.*
Régler *sistemare.*
Regret *rimpianto.*
Regretter *rimpiangere.*
Régulier (ère) *regolare.*
Régulièrement *regolarmente.*
Reine *regina.*
Réjouir *rallegrare.*
Relation *relazione.*
Relier *rilegare.*
Religieuse *religiosa.*
Religion *religione.*
Remboursement *rimborso.*
Remède *rimedio.*
Remerciement *ringraziamento.*
Remercier *ringraziare.*
Remise *sconto.*
Remorquer *rimorchiare.*
Remplacer *rimpiazzare.*
Remplir *riempiere.*
Remuer (se) *muovere (rsi).*
Rencontrer *incontrare.*
Rendez-vous *appuntamento.*
Rendre (se) *rendere (rsi).*
Renseignement *informazione.*
Renseigner (se) *informare (rsi).*
Réparation *riparazione*
Réparer *riparare.*
Repas *pasto.*
Repasser *stirare.*
Répéter *ripetere.*
Répondre *rispondere.*
Répondeur *ipsofono.*
Réponse *risposta.*
Repos *riposo.*
Reposer (se) *riposare (rsi).*

Représentation *rappresentazione.*
Réserve *riserva.*
Réserver *riservare,* (place) *prenotare.*
Résistant *resistente.*
Résoudre *risolvere.*
Respecter *rispettare.*
Respirer *respirare.*
Responsable *responsabile.*
Restaurant *ristorante.*
Rester *restare.*
Résultat *risultato.*
Retard *ritardo.*
Retarder *ritardare.*
Retenir *trattenere.*
Retour *ritorno.*
Rêve *sogno.*
Réveil *sveglia.*
Réveiller *svegliare.*
Revenir *ritornare.*
Révision *revisione.*
Rez-de-chaussée *piano terra.*
Rhume *raffreddore.*
Rhumatisme *reumatismo.*
Riche *ricco.*
Richesse *ricchezza.*
Rideau *tenda, sipario.*
Rien *niente.*
Rire *ridere.*
Rivière *riviera.*
Riz *riso.*
Robe *vestito.*
Robinet *rubinetto.*
Rocher *roccia.*
Roi *re.*
Rond *rotondo.*
Rond-point *rotonda.*
Rose *rosa.*
Rôti *arrosto.*
Rôtir *arrostire.*
Roue *ruota.*
Rouge *rosso.*
Rouler *arrotolare, rotolare.*
Route *strada.*
Royal(e) *reale.*
Rue *via.*
Ruelle *stradina.*
Ruisseau *ruscello.*
Rumeur *rumore.*
Rupture *rottura.*
Rusé(e) *furbo (a).*

Sa *sua.*
Sable *sabbia.*
Sac (à main) *borsa, sacco.*
Sachet *sacchetto.*
Saignant *sanguinante.*
Saignement *perdita di sangue.*
Saigner *sanguinare.*
Saint(e) *santo (a).*
Saisir *afferrare.*
Saison *stagione.*
Salade *insalata.*
Saleté *sporcizia, porcheria.*
Salle *sala.*

– à manger – *da pranzo.*
– d'attente – *d'attesa.*
– de bains – *il bagno.*
– de concert – *da concerto.*
Salon *salone, salotto.*
Saluer *salutare.*
Salut ! *ciao, saluto, salve.*
Samedi *sabato.*
Sandwich *panino.*
Sang *sangue.*
Sans *senza.*
Sans fil *wireless*
Sans plomb *benzina verde, senza piombo.*
Santé *salute.*
Satisfait(e) *soddisfatto (a).*
Sauf *salvo.*
Sauter *saltare.*
Sauvage *selvaggio, selvatico.*
Sauver *salvare.*
Sauvetage *salvataggio.*
Savoir *sapere.*
Savon *sapone.*
Sec, sèche *secco, secca.*
Sécher *seccare, asciugare.*
Seconde *secondo.*
Secouer *agitare.*
Secourir *soccorrere.*
Secours *soccorso.*
Secret *segreto.*
Secrétaire *segretaria.*
Sécurité *sicurezza.*
Séjour *soggiorno.*
Séjourner *soggiornare.*
Sel *sale.*
Selon moi *secondo me.*
Semaine *settimana.*
Semelle *suola.*
Sens *senso.*
Sentier *sentiero.*
Sentiment *sentimento.*
Sentir *sentire.*
Séparer *separare.*
Septembre *settembre.*
Sermon *sermone, predica.*
Serpent *serpente.*
Serré *stretto.*
Serrure *serratura.*
Serveur (se) *cameriere (a).*
Service *servizio.*
Serviette (*table*) *tovagliolo,* (*bain*) *asciugamano.*
Servir *servire.*
Seul(e) *solo (a).*
Seulement *solamente.*
Sexe *sesso.*
Si *se.*
Siècle *secolo.*
Siège *sedia, sedile.*
Signal *segnale.*
Signalement *segnalazione.*
Signaler *segnalare.*
Signature *firma.*
Signe *segno.*
Signer *firmare.*
Signification *significato.*
Signifier *significare.*
S'il vous plaît *per favore.*

Silence *silenzio.*
Silencieux *silenzioso.*
Simple *semplice.*
Sincère *sincero.*
Sinon *sennò.*
Sirène *sirena.*
Site *luogo, sito.*
Situation *situazione.*
Skier *sciare.*
Sobre *sobrio.*
Sœur *sorella.*
Soie *seta.*
Soif *sete.*
Soigner *curare.*
Soin *cura.*
Soir *sera.*
Soirée *serata.*
Sol *suolo.*
Soldat *soldato.*
Soldes *saldi.*
Soleil *sole.*
Solennel *solenne.*
Solide *solido.*
Sombre *oscuro, buio.*
Somme *somma.*
Sommeil *sonno.*
Sommet *sommità, vetta.*
Somnifère *sonnifero.*
Son *suono,* (pron.) *suo.*
Sonneries *suonerie.*
Sonnette *campanello.*
Sorte *specie, sorta.*
Sortie *uscita.*
Sortir *uscire.*
Souci *preoccupazione.*
Soucieux (se) *preoccupato (a).*
Soudain (adv.) *all'improvviso.*
Souffle *soffio.*
Souffrir *soffrire.*
Soulever *sollevare.*
Soupe *zuppa, minestra.*
Sourd *sordo.*
Souris *topo.*
Sous *sotto.*
Sous-vêtements *biancheria intima.*
Soutien *appoggio.*
Souvenir *ricordo.*
Souvenir (se) *ricordarsi.*
Souvent *spesso.*
Spécial(e) *speciale.*
Spectacle *spettacolo.*
Spectateur *spettatore.*
Splendide *splendido.*
Sport *sport.*
Stade *stadio.*
Station *stazione.*
Stationnement *sosta.*
Stationner *sostare.*
Stop *stop, alt.*
Stupide *stupido.*
Succès *successo.*
Succursale *succursale.*
Sucre *zucchero.*
Sucré *zuccherato.*
Sud *sud.*

Sud-est *sud-est.*
Sud-ouest *sud-ovest.*
Suffire *bastare.*
Suisse *Svizzera.*
Suite *seguito.*
Suivant(e) *seguente.*
Suivre *seguire.*
Sujet *soggetto.*
Superflu(e) *superfluo (a).*
Supplément *supplemento.*
Supporter *sopportare.*
Supposer *supporre.*
Supposition *supposizione.*
Suppression *soppressione.*
Sur *sopra.*
Sûr(e) *sicuro (a).*
Surcharge *sovraccarico.*
Sûrement *sicuramente.*
Surpayer *pagare di più.*
Surpris *sorpreso.*
Surtaxe *supplemento di tassa.*
Surveillance *sorveglianza, vigilanza.*
Suspendre *sospendere.*
Système électronique *sistema elettronico.*

Ta *tua.*
Tabac *tabacco.*
Table *tavola.*
Tableau *quadro.*
Tabouret *sgabello.*
Tache *macchia.*
Taché *macchiato.*
Taille *taglia.*
Tailleur *sarto.*
Taire *tacere.*
Talon *calcagno,* (chaussure) *tacco.*
Tampons *timbri,* (hyg.) *assorbenti interni.*
Tant *tanto.*
Tant que *tanto che.*
Tante *zia.*
Tard *tardi.*
Tarif *tariffa.*
Tasse *tazza.*
Taureau *toro.*
Taux de change *tasso di cambio.*
Taxe *tassa.*
Taxi *taxi.*
Teinte *tinta.*
Teinture *tintura.*
Teinturerie *tintoria.*
Tel *tale.*
Télégramme *telegramma.*
Télégraphier *telegrafare.*
Téléphone *telefono.*
Téléphone portable *cellulare.*
Téléphoner *telefonare.*
Télévision *tivù, televisione.*
Témoignage *testimonianza.*
Témoin *testimone.*
Température *temperatura,* (méd.) *febbre.*

Tempête *tempesta.*
Temps *tempo.*
Tendre *tenero,* (verbe) *tendere.*
Tenir *tenere.*
Tension *tensione,* (méd.) *pressione.*
Tente *tenda.*
Terminer *terminare, finire.*
Terminus *capolinea.*
Terrain *terreno.*
Terre *terra.*
Terrible *terribile.*
Tête *testa.*
Thé *tè.*
Thermomètre *termometro.*
Timbre *francobollo.*
Timide *timido (a).*
Tir *tiro.*
Tire-bouchon *cavatappi.*
Tirer *tirare.*
Tiroir *cassetto.*
Tissu *tessuto.*
Toi *tu, te.*
Toile *tela.*
Toilettes *gabinetto ; toilette.*
Toit *tetto.*
Tomate *pomodoro.*
Tomber *cadere.*
Ton *tuo.*
Tonne *tonnellata.*
Torchon *straccio.*
Tôt *presto.*
Total *totale.*
Toucher *toccare.*
Toujours *sempre.*
Tour *turno,* (bât.) *torre.*
Tourisme *turismo.*
Touriste *turista.*
Tout, toute, tous, toutes *tutto, tutta, tutti, tutte.*
Tout de suite *subito.*
Toux *tosse.*
Toxique *tossico.*
Trace *traccia.*
Traditionnel(le) *tradizionale.*
Traduction *traduzione.*
Traduire *tradurre.*
Train *treno.*
Traitement *trattamento.*
Trajet *tragitto.*
Tram *tram.*
Tranche *fetta.*
Tranquille *tranquillo.*
Tranquillisant *tranquillante.*
Transférer *trasferire.*
Transformateur *trasformatore.*
Transit *transito.*
Transmission *trasmissione.*
Transparent *transparente.*
Transpirer *sudare.*
Transporter *trasportare.*
Travail *lavoro.*
Travailler *lavorare.*
Travers (à) *attraverso.*

Traversée *traversata.*
Trempé *fradicio, bagnato.*
Très *molto.*
Triangle *triangolo.*
Tribunal *tribunale.*
Troisième *terzo.*
Tromper (se) *sbagliare (rsi).*
Trop *troppo.*
Trottoir *marciapiede.*
Trousse *astuccio,*
(toilette) *beauty case.*
Trouver *trovare.*
Tu *tu.*
Tumeur *tumore.*
Tunnel *tunnel, galleria.*
Tuyau *tubo.*
Tympan *timpano.*
Typique *tipico.*
Tyrol *Tirolo.*

Ulcère *ulcera.*
Un, une *un, una.*
Uni *unito.*
Uniforme *uniforme.*
Unique *unico.*
Urgence *urgenza.*
Urgent(e) *urgente.*
Urine *orina.*
Usage *uso.*
Usine *fabbrica.*
Ustensile *utensile.*
Usuel(le) *usuale.*
Utile *utile.*
Utiliser *utilizzare.*

Vacances *vacanze.*
Vaccin *vaccino.*
Vaccination *vaccinazione.*
Vache *vacca,* (laitière) *mucca.*
Vague (adj.) *vago,*
(mer) *onda.*
Vaisselle *stoviglie.*
Valable *valido.*
Valeur *valore.*
Valide *valido.*
Validité *validità.*
Valise *valigia.*
Vallée *valle.*
Valoir *valere.*
Varier *variare.*
Variété *varietà.*
Vaseline *vasellina.*
Vatican *Vaticano.*
Veau *vitello.*
Végétarien *vegetariano.*
Véhicule *veicolo.*
Velours *velluto.*
Vendeur *commesso,*
venditore.
Vendre *vendere.*
Vendredi *venerdì.*
Vendu *venduto.*
Venir *venire.*
Vent *vento.*
Vente *vendita.*
Ventilateur *ventilatore.*
Ventre *ventre.*
Verglas *lieve strato di*
ghiaccio.
Vérifier *verificare.*

Vérité *verità.*
Verre *vetro,*
(p. boire) *bicchiere.*
Verrou *catenaccio.*
Vers *verso.*
Vert(e) *verde.*
Vertiges *vertigine.*
Veste *giacca.*
Vêtement *abito, vestito.*
Vexé *offeso.*
Viande *carne.*
Vide *vuoto.*
Vie *vita.*
Vieille *vecchia.*
Vieux *vecchio.*
Vignoble *vigna.*
Vigoureux (se) *vigoroso (a).*
Villa *villa.*
Village *villaggio.*
Ville *città.*
Vin *vino.*
Vinaigre *aceto.*
Virer *stornare, voltare.*
Vis *vite.*
Visage *viso.*
Visibilité *visibilità.*
Visible *visibile.*
Visite *visita.*
Vite *presto, rapidamente.*
Vitesse *velocità.*
Vitre *vetro.*
Vitrine *vetrina.*
Vivant *vivente.*
Vivre *vivere.*
Voie *via, strada.*
Voie de détresse *via di soccorso.*
Voir *vedere.*
Voisin(e) *vicino (a).*
Voiture *vettura, macchina, automobile.*
Voix *voce.*
Vol (valeur) *furto,*
(avion) *volo.*
Voleur (se) *ladro (a).*
Volonté *volontà.*
Volontiers *volentieri.*
Vomir *vomitare.*
Voter *votare.*
Votre *vostro.*
Vous *voi.*
Voyage *viaggio.*
Voyager *viaggiare.*
Voyageur *viaggiatore.*
Vrai *vero.*
Vraiment *veramente.*
Vue *vista.*
Vulgaire *volgare.*
Vulnérable *vulnerabile.*

Wagon-lit *vagone-letto.*
Wagon-restaurant *vagone-ristorante.*
W.C. (toilettes) *gabinetto, toilette.*

Zéro *zero.*
Zone *zona.*

Index

ABC

Composition graphique de la maquette intérieure :
Anne-Danielle Narame

PAPIER À BASE DE
FIBRES CERTIFIÉES

Le Livre de Poche s'engage pour l'environnement en réduisant l'empreinte carbone de ses livres. Celle de cet exemplaire est de :
500 g éq. CO_2
Rendez-vous sur
www.livredepoche-durable.fr

Achevé d'imprimer en février 2016 en Italie par
L.E.G.O. S.p.A.
38015 Lavis
Dépôt légal 1re publication : 1988
Dépôt légal édition 8 : février 2016
LIBRAIRIE GÉNÉRALE FRANÇAISE
31, rue de Fleurus — 75278 Paris Cedex 06

30/8515/6